老马的五和林梦

马宪泉 / 著

人民出版社

目　录

序

张立文

天地瞬息千变，笔墨倏忽万状。"谁能师日月，可以喻清新"（陈恭尹：《定邮诗之约》）。人生有涯，与时偕行，难矣！殆矣！然时不俟人，中华民族千千万万人意气风发、不怕艰难险阻，奋起而追，追中国梦，追"五和"梦。其中自谓草根的马宪泉先生半个世纪以来，一直"以不息为体，以日新为道"，不懈而追。他出生在阡陌交通、鸡犬相闻的农村，而从农，体会底层农民的艰辛；少年从军，"感时思报国，拔剑起蒿莱"（陈子昂：《感遇》之三五），经血与火的锻炼；青年从政，"政者，正也"（《论语·颜渊》），深知国之兴亡，在于政事；壮年下海，体悟天下大业以艰难得之，"富有之谓大业"，知"和气生财"、"生财有大道"之理；年过半百而进"知天命"之岁，人生觉解，为文化慈善操劳，为天下大和竭虑，为人心安身立命而安顿精神家园。为此他提出人心和善、家庭和睦、社会和谐、世界和平、天人和合的五和文化，以及人心和善的道德观、家庭和睦的人生观、社会和谐的价值观、世界和平的世界观、天人合一的宇宙观，为实现中国梦而操心。

一、和合二圣

所谓草根是指出自低层，无背景、无依倚、无外财，靠正道和智慧发扬正能量而获各项事业成就的人。他们具有民间性、自然性、接地性、艰苦性、谦虚性、谨慎性，却为人类创造了光辉的成果。相传"和合二圣"或"和合二仙"来自草根。唐朝时有两个和尚，一个叫寒山，一个叫拾得，寒山在浙江天台山寒明岩隐居（天台山有寒明两岩，徐霞客与国清寺云峰和尚同游寒明两岩，"至明岩，明岩为寒山拾得隐身地"。"岩外一特石，高数丈，上岐立如两人，僧指为寒山拾得云"①），所以叫寒山。拾得是由天台山高僧丰干化缘路过荒郊捡来的，后被带回国清寺抚养长大，起名拾得。寒山诗写得很好，但有怪癖，常常到各寺庙望空噪骂，人们说他疯了。但他与拾得一见如故，情同手足。拾得在国清寺厨房干活，常常把余羹剩饭送给寒山充饥。在佛教中，传说寒山是文殊菩萨化身，拾得是普贤菩萨化身。道教把二人归入"下八仙"与"上八仙"张果老、李铁拐等并列。传说唐贞观年间寒山和拾得到苏州好利普明塔院任住持，并将其改名为寒山寺，唐代张继在《枫桥夜泊》诗中说："月落乌啼霜满天，江枫渔火对愁眠，姑苏城外寒山寺，夜半钟声到客船。"这首诗在日本流传也很广。

寒山、拾得为道地的草根身份，但作为寒山寺住持，清代罗聘所绘二人的画像石刻，安置在寒山寺大雄宝殿后壁。在"寒拾殿"中供奉着二人的精美木雕金身像。自古以来，寒山、拾得被奉为二圣，其画像在民间

---

① 徐霞客：《游天台山日记》，《徐霞客游记》，上海大中书局 1932 年版，第 4 页。

年画中是两个天真烂漫的孩子，一个手持莲花，与和谐音，一个手捧着盒子，谐音合。盒子里飞出五个蝙蝠，寓意五福临门。《尚书·洪范传》中讲到五福临门，认为寿、富、康宁、攸好德、考终命，为人生五大幸福。清雍正十一年（1733），封寒山为"和圣"，拾得为"合圣"，即"和合二圣"，又称"和合二仙"。

和合思想是民间祭祀的一种信仰，于是祭祀和合神在南方一些地区盛行。民间祭奉和合神的目的，在《万法归宗》的"和合咒"中说："万和千和万事偕。"即祈求吉祥，趋利、避邪、避凶。在流行于安徽、江西、湖南、贵州的傩戏中就有"跳和合"，又称"舞和合"的演出，不仅营造出一种和谐欢快的喜庆气象，也表示大吉大利、和谐幸福的日子。"和气万众和，合心则事和，世人能和合，快活乐如何"（清马骀戏题《和合二仙》图诗。较早"跳和合"的文字记载，见于明万历年间郑之珍《目连救母劝善戏文》）等各种念白，表达了人们对和平安乐、合作幸福生活的渴望。民间对和合神的崇拜和信仰，具有对男女嫁娶婚姻而成家的祝愿。传统婚嫁时，堂屋里悬挂"和合二仙"像，洞房桌上要摆"和合二仙"塑像。丹徒有"新郎新娘拜和合"歌，歌词是"红烛开花喜连连，我叫新郎新娘拜天地。牵牛织女来相会，一对和合似神仙"①。由夫妇百年好合而推及家庭、国家、社会的和合。《焦氏易林·履之益》："衔命上车，合和两家，蛾眉皓齿，二国不殆。"②奉命上车出嫁，夫妇和合两家，姑娘年轻又漂亮，两国关系很和谐。又"析薪炽酒，使媒求妇。和合齐宋，姜子悦喜"③。劈柴温酒接待媒人，使她为我去提亲，和合齐宋两国，男女双方都

---

① （清）王友光：《吴下谚联》卷1。

② 《履之益》，芮执俭：《易林注译》，敦煌文艺出版社2001年版，第150页。

③ 《噬嗑之家人》，芮执俭：《易林注译》，敦煌文艺出版社2001年版，第315页。

喜欢。"和合二仙"不仅是人类的爱神，而且是世界的财神。"和合利市"、"和合生财"。古时杭州店铺开市之日，要挂"和合二仙"纸马于招牌上，称"青龙吉庆"，天津杨柳青年画中有"青龙和合"，象征财源滚滚来。①

从和合的草根性、民间性、接地性和自然性，而追寻其原初性、形上性、价值性。这个富有创新性的词最早见于《国语》，《国语》曾被称为《春秋外传》。三国时韦昭最先作注解，他在《解叙》中说："其文不主于经，故号曰《外传》。"②其内容包罗天地，探测祸福，说明善恶。从其证言的话语中，仍能听到当时有识之士围绕"天时人事"的深刻对白，亲切感受"礼崩乐坏"时民族精神和生命智慧的深沉忧患。

西周幽王八年（前774）政治腐败，佞人当道，幽王宠幸爱妃褒姒，为博其一笑，不惜点烧骊山烽火台上的烽火，各诸侯国以为京都有难，纷纷带兵来救，结果是为褒姒的一笑，这种拿国家命运当儿戏的行为使西周遭受灭亡的厄运。作为王室司徒的郑桓公，为国家的命运忧虑，他与太史伯怀着忧患的心情谈论国家兴衰的缘由以及死生的道理。认为虞夏、商、周之所以能成就与天地一样长久的赫赫功业，根本原因是他们能够在天地和人事之间创造和合生意，虞幕能够听知和风，因时顺气，以成育万物，使其乐生。夏禹能熟悉水性，因地疏导，使人物高下，各得其所。"商契能和合五教，以保于百姓者也。"③商契了解民情，以父义、母慈、兄友、弟恭、子孝教化百姓，使他们和合相处，皆得保护生养。

史伯根据上古帝王和合治国理政的生意，认为周幽王必将衰败。当桓公问："周其弊乎？"史伯肯定地回答说：近于必定弊败。他的原因就在

---

① 参见崔小敬：《和合神考论》，《世界宗教研究》2008年第1期。
② 《国语解叙》，《国语集解》，中华书局2002年版，第594页。
③ 《郑语》，《国语集解》卷16，中华书局2002年版，第466页。

于实行一种"去和而取同"的治国理政路线。他排弃光明有德、公正昭显的忠臣，喜好阿谀奉承、阴险无德的佞臣。这是一条走向败亡的路线。史伯认为，治国理政必须走"从头越"的和合大道。他说："夫和实生物，同则不继，以他平他谓之和，故能丰长而物归之，若以同裨同，尽乃弃矣。"①和合的和，简言之有和谐、和平、和睦、和乐、祥和等意思，在上古汉语系统中，即指三孔（六孔、七孔）定音编管内吹奏出来的标准乐曲，以调和各种音响，亦指从口、禾声的和，音声相合，旋律合韵，交响融融，显示人文精神，映射中国诗歌艺术对宇宙大化流行中在节律上的深切体悟；合有合作、合拢、融合、联合、结合等意思。《说文解字》把合解释为"合口"，即上唇与下唇、上齿与下齿的合拢。现代从字形结构上解释，和是口旁一个禾，禾上古指栗，或稻谷，寓意有饭吃；合字拆开来是"一人一口"，寓意人人有饭吃。在"民以食为天"的时代，每个人都有饭吃，天下就太平、和谐了。

史伯是相对于"同"讲"和"的，他给和下的定义是"以他平他谓之和"。和本身包含着多元的差分、矛盾、冲突的他与他，与同的单一、单面、一元迥异；他与他之间的关系不是你上我下、我强你弱、你主我奴、我君你臣等不平等、不公平的性质，而是平等、公平的关系；他与他之间没有尊卑、轻重以及地位、价值、作用等不平等、不公平。

"以他平他谓之和"是讲互相尊重，他必须尊重他者的存在，他者也尊重他的存在，互相理解、信任，即和衷共济，阴阳相生，异味相和，万物丰长。尊重他者就是不以势压人，而以理服人；不以力凌人，而以情感人；不以谎言欺人，而以诚信待人。以和化解分歧、误解、冲突、对抗、战争。

---

① 《郑语》，《国语集解》卷16，中华书局2002年版，第470页。

"以他平他谓之和"是讲他文化与他文化之间，尽管存在价值观念、宗教信仰、社会制度、风俗习惯、审美情趣等差异，但都要互相包容、关怀、爱护，犹如对自己。要排除二元对立的冷战思维，抛弃你死我活的价值观念，涤荡非此即彼的社会意识，消融势不两立的宗教信仰。各个人、集团、党派、国家、民族、种族、宗教、文明等都能在平等、公平的原则下自由选择自己的宗教信仰、社会制度；在机遇公平的原则下参与共同目标的建设，而达万物丰长的和合。[①]

二、和合释义

和合在现代意义上是指自然、社会、人际、心灵、文明中诸多形相、无形相的相互冲突、融合，与在冲突融合的动态变化过程中诸多形相、无形相和合为新结构方式、新事物、新生命的总和。

对这个和合意义的规定，再稍加解释：

一是差分与和生。和合是差分形相、无形相（或称元素、要素）多元和合而生生。差分不和合不能转生为新生命、新事物，亦不能实现吐故纳新；新生命、新事物无差分的元素、要素，亦不能和合转生。如何和生？史伯说："故先王以土与金木水火杂，以成百物。"[②] 韦昭注："杂，合也。"五行相克、冲突矛盾，如水火不同炉，但五行相生、融合，而转生万物。这是中华民族对天地万物从哪里来的哲学智慧的思考。《周易·系

---

① 参见拙文《以他平他谓之和》，载《世界文明对话日——来自中国的声音》，五洲传播出版社 2010 年版，第 78—91 页。

② 《郑语》，《国语集解》卷 16，中华书局 2002 年版，第 470 页。

辞传》说："天地细缊，万物化醇；男女构精，万物化生。"天、男在中国古代传统思想中是阳，地、女是阴，阴阳差分为两极、冲突，细缊、构精为融合。细缊，朱熹注："交密之状。"构精犹男女结婚、交媾而生儿育女，这就是天地、男女、阴阳冲突，经融合而化醇、化生和合为万物。之所以有这样的思想智慧，《周易·系辞传》讲，包牺氏（伏羲氏）抬头观察天文的变化，低头观看大地的形态，又观察鸟兽的形迹和地上植物的生长的"观法"，以及近取人自身的生殖，远取万物的生长的"取法"，经验地体认出冲突—融合—和合体（新事物、新生儿）的诞生。

二是存相与式能。人世间存在都是一种相，无论是物相、事相、面相，还是心相、名相、法相，统称为道相。各相分殊，一棵树上的树叶，没有完全相同的。分殊而有差异，差异就有矛盾、冲突；冲突就需要抉择，由抉择而转换为式能。式能是存相的形式及其潜能、能量，亦指存相所蕴含的潜在能力或潜能结构。存相的殊途同归，便是式能展现为自然的、社会的、人际的、心灵的、文明的和合。作为形式的潜能是无限的、活泼的、日新的，是存相的动力和生力。任何存相都涵融能的式或式的能。

三是冲突和融合。冲突是指各种存相的性质、特征、功能、力量、过程的差分，以及由差分而导致互相冲撞、矛盾、伤害、抵牾的状态。冲突的形式、方式、方法各有千秋，有自然的／社会的、集体的／个体的、内在的／外在的、宗教的／民族的、天理的／人欲的、公／私、义／利、斗争／和谐、文明／野蛮等二元、三元，以至多元冲突等状态，无处无冲突。冲突是对既有结构方式或方式结构的打破和破坏，也是对秩序形式或形式秩序的冲击或打散，冲突往往陷于无构、无序、无式状态。从无构到结构，从无序到有序，从无式到有式，是一种融合过程。在这里融有明亮、融化、流通、和谐的意思，融合在冲突的过程中实现，是冲突的结果或结构形式，是原有结构方式和秩序形式被打破、破坏以后的重新凝聚、聚合，标志着新结构方式或秩序形式的化生。《左传》记载晏婴与齐景公论和同："公曰：'和与同异乎？'对曰：'异。和如羹焉，水、火、醯、醢、盐、梅，以烹鱼肉，燀之以薪，宰夫和之，齐之以味，济其不及，以泄其过。君子食之，以平其心'。"① 鱼肉烹制成美味的汤汁（和羹），必须有各种不同的，甚至互相冲突的盐、酱、醋、水、火等佐料和资源，经厨师的智能创造和高超技艺，把这些各不相同或互相冲突的他者（主料、佐料、辅料）融合起来，在融合过程中主体厨师的智能要使各种佐料、辅料的功能释放出来，味道不及就加一点，过了就减一点，使其和谐、和合，这样味道鲜美的"和羹"就诞生了。君子食用了和羹，心地就平和、平衡、和谐了。

四是自觉与选择。和合价值观依据自觉而然和自由选择的原则，可分为两个层次：实现层面的平等、公正、和谐；超越层面的真、善、美。这两个层面的契合，便是以自由的人格作出独立的自觉选择；以幸福为生活目标的伦理取向；以理智怀疑的态度对生活本身的批判审视。自觉说到底是主体自觉而然地选择，选择是主体在选择过程中的价值评价与价值取向。从人文意义上说，自觉选择是主体与人化了的客体之间的一种制约、创造、超越机制，由自觉选择而构成新和合体。晏婴与齐景公的"和同之辨"运用到治国理政上，"君所谓可而有否焉，臣献其否以成其可；君所谓否而有可焉，臣献其可以去其否，是以政平而不干，民无争心"。② 一种方案、规划、政策的选择，君认为可行，臣应作出独立的自觉的审检

---

① 《昭公》二十年，《春秋左传注》，中华书局 1981 年版，第 1419 页。
② 《昭公》二十年，《春秋左传注》，中华书局 1981 年版，第 1419 页。

和选择，指出其中的弊病和不行的地方，使其更加完备可行；君认为不行的，臣经严格审查后认为其中有可行的，去掉不可行的。经这样自觉选择，使各种方案、规划、政策公正、和谐、真实、完美，而能政事平和，人无争心，社会安定。换言之，智库的作用和功能不是君以为可，臣亦以为可，君以为否，臣亦以为否，这是佞臣；真正的忠臣，应像晏婴所言那样，这也是智库的立场和原则。

五是烦恼与和乐。人生在世就伴随着喜、怒、哀、乐、爱、恶、欲，相依着生老病死、贫富贵贱的冲突和紧张，这对人的生命构成一种精神上的压抑、紧逼，从而使人产生恐惧感、孤独感、疏离感以及心灵的种种疾病。和合能治疗、协调、平衡、化解精神生活中种种病痛以及贪、嗔、痴、慢、疑之心。荀子认为，音乐"可以善民心"，使民心变得善良。在宗庙中君臣上下共同听音乐，唤起对祖宗训诫的追忆和敬畏，"则莫不和敬"；在家庭内父子兄弟共同听音乐，能凝聚血缘间的亲情，"则莫不和亲"；在乡里同族内老少共同听音乐，"则莫不和顺"。① 由家庭而乡里宗族到国家的和敬、和亲、和顺，一切烦恼、焦虑、孤独、忧愁、痛苦、恐惧等的冲突和紧张，都可以得到化解，而达天和、地和、人和，天乐、地乐、人乐的和乐理想境界。

和合五义蕴含动态结构形式：差分和生有自性，是新生命生生的依据和根本；存相式能有本性，是变化日新的依据和根本；冲突融合有变易，是大化流行的依据和根本；自觉选择有过程，是对称整合的依据和根本；烦恼和乐有艺术，是中和审美的依据和根本。

由传统的和合，建构现代理论思维形态的和合学，是指研究在自然、

---

① 参见《乐论》，《荀子新注》，中华书局 1979 年版，第 333 页。

社会、人际、人自身心灵及不同文明之间存在的形相、无形相的和合现象，与以和合的义理为依归，以及即涵摄包容，又超越冲突、融合而和合的学问。和合学的意蕴承载有：然与所以然。天地阴阳五行多元和合而生万物，生的所以然的追根究底，譬如"一阴一阳之谓道"这是然，朱熹说："所以一阴而一阳者。是乃道体之所为也。"道体是阴阳的所以然根据，和合是冲突融合的所以然。变化与形式。和合学是对存相与式能为什么的探索，及其价值合理性、形上性的反思，并试图和合科技、人文、价值、工具、公共理性之间的冲突，以达和合境界。流行与超越。大化流行是筛选、淘沙的过程，它探索本原本真，即本来面目。这既是和合体的内超越，也是外超越，内外融合，流行超越，而达本真。对称与整合。和合学是对自然、社会、公平、有序的思议，是对不断破缺和完美的所以然的求索，是对什么是自觉与选择的为什么的追求，是求和合新生命的生生不息。中和与审美。《中庸》讲："喜怒哀乐未发谓之中，发而皆中节谓之和。"中是差分情绪的发动，发动都合乎节度便是和。中是在和的对待和谐中的无过不及、不偏不倚的状态，只有这样才有中和美感的愉悦。中和之声的审美价值，就在于净化心灵，使人的心理失衡、情绪失序、精神失常等得以调节、平衡、和谐，营造气血平和、情绪和乐、精神和美的精神家园。

和合学五义的顶层意蕴，通过纵横互补律、整体贯通律、浑沌对应律，由和合生存世界、和合意义世界，而通达和合可能世界。

三、和合三界

如何改变现实世界？未来世界向何处去？和合学设计了和合三界，

即和合生存世界、和合意义世界、和合可能世界。先说和合生存世界。人为了生存，追求气清、天蓝、地绿、水净、宜居的生存环境和人心和善、家庭和睦、社会和谐、世界和平、天人和合的人文社会环境。因为人要活下来，就不能不与自然、家庭、社会、人际、国家、宗教、民族发生关系，就不能不与政治、经济、文化、道德、生活、习俗环境产生联系。这些因素不仅影响、制约、决定人的思想行为、生老病死、幸福快乐的与否，而且对人们的贫富贵贱、长寿安康与否、生活质量影响巨大。作为会自我创造的和合存在的人，在其智力、劳力投入对象化过程中，在与自然的、社会的、人际的、物质的、能量的、信息的交往活动中，便创造人化自然、社会、物质、能量、信息，改善对象的面貌环境、本质特性、规则规律，以适应人类自然生态环境和社会人文环境的要求。

人对于为什么生存和怎样生存的道理是迷惑的，人往往会问，我为什么生在农村，而不生在城市？为什么生在穷人家而不是富人家？甚至有人会问为什么不生在美国？人怎样生、怎样死、死后到哪里去，都是一个谜。但是中国的儒、释、道各家都曾对生死问题作出不同程度的回答。《论语·颜渊》讲"死生有命，富贵在天"。老子说："夫唯无以生为者，是贤于贵生。"（《老子》第七十五章）道家贵生，道教通过修炼而羽化登仙，以求今生长生不老。佛教求来生，涅槃而登西方极乐世界。

"孟母三迁"，孟母知道生存环境对孟子影响巨大，"近朱者赤，近墨者黑"。为了寻找一个适合孟子成长的人文社会环境，孟母不断迁居。当前为什么中小学名校附近的学区房价比其他地方高，就是这个道理。

次说和合意义世界。人生在世，不仅要生存，而且要追求人生价值的实现。一切有关意义性、价值性的事物、对象、状态、规范、原理的总和，构成人所特有的价值的意义世界。过去人讲"五子登科"，现在有的年轻人叹惜，我房子、车子、票子、女子、位子这"五子"都没有，怎样实现人生价值？把自己的人生价值悬挂在物质利益上，而忽视精神价值、道德价值、事业价值和学术价值。这是对自我价值的近视矮化，而没有放眼中华和世界。"天生我才必有用"。这个世界上若没有人的生命存在，哪里来的上帝、天、道、天理、心、绝对精神、纯粹意识、存有等观念，甚至连山河大地、草木虫鱼等，又有何存在价值和意义，人"为天地立心"，天地在人各种社会实践活动、价值活动中，而有价值和意义。曹操说："人生几何，譬如朝露"。人生苦短，为什么活着？应学范蠡（陶朱公），不为官只为国，不为名利只为雪耻，不为金钱只为济众。

现代世界上有很多流行的名言，美国黑人精神领袖马丁·路德金说："我要有一个梦想。"法国著名哲学家德里达说："我要学会生活。"几年前我在全校迎新大会上说："我要学会做人。"如果一个人不学会做人，梦想就会成为泡影，变成空想，生活也会不幸福，甚至很糟糕。要实现梦想，生活过得好，首要是学会做人，否则就会可能走向犯罪的道路，即使你的官梦实现了，钱捞了几亿、情人一大堆，也免不了双规的下场。

人如何实现自己的价值，过一个有意义的人生？《左传》上讲，人的价值和意义是"太上有立德，其次有立功，其次有立言，虽久不废，此之谓不朽"[①]，这就是古人讲的"三不朽"的名言。立德，如今天的道德楷模，是人人所尊敬的，道德高尚的人，都有一颗善心，马宪泉先生说：人心和善，就会讲道德、敢担当、守诚信、有教养、有常识。立功，为国家、民族、人类建功立业，在政治、经济、文化、艺术、科技、军事、学术等各领域作出创造性的伟大贡献。立言，如孔子的《论语》，老子的《道德经》，

---

① 《左传》襄公二十四年，《春秋左传注》，中华书局1981年版，第1088页。

古希腊柏拉图、亚里士多德等人的著作，尽管他们的肉体价值已经逝去，但学说、理论、思维、科技等价值却为人类作出伟大的贡献，具有不朽的价值，他们虽死犹生，永远活在世上。

人生的价值和意义，在于通过人的创造性活动以改变人的生活状态，生命存在的情境，人的情感、心理和人性等。性是指事物及人的本性，它相对于主体而言，是人作为意义和价值规范立法者的隐在（内在）规定性；命是人相对于客体而言，是人作为意义和价值规范的执法者的显化（外化）使命。

人的意义追寻是一种明己之学，人与社会之间、人类社会各领域与自然生态环境之间，在进行着信息、能量、认识对话、交往等互动的实践中，意义便是主体对对象的价值评价，亦是对象对人的作用的评估。唯有"君子终日乾乾，夕惕若厉，无咎"，才能发挥人生价值意义的正能量，达到"知天命"，而进入从心所欲的自由之境的和合意义世界。

再讲和合可能世界。人不仅要有一个相爱幸福的温馨之家，还要有一个精神慰藉的温馨家园。这是一个寻求超自然的、灵魂的、精神存在的价值理想，以获得终极关切的精神家园，价值理想是支撑人们克服困难、智能创造、勇敢前进的动力，是实现理想目标的指南针，也是每个人到达人生目的的一种内在动力。

价值理想的和合可能世界是一个虚拟世界，是现实世界的一种形而上的、抽象的投影。《红楼梦》第一回虚拟了一个理想的"太虚幻境"。甄士隐（真事隐去）在梦中碰到道士、和尚两人，他们窃窃私语，讲一些人事世界的事情，他跟在后面听。道士、和尚走过了一大石牌坊，上面写有四个大字："太虚幻境"。两边有一副对联："假作真时真亦假，无为有处有还无"。甄士隐想跟道士、和尚进太虚幻境，方一举步，一声霹雳，有若山崩地陷，士隐大叫一声，从梦中醒来。后来他把这个梦告诉贾雨村（寓意假语村言）。《红楼梦》所描述的真也假来，假也真；假也真来，真也假。可能世界描绘为真真假假的虚拟世界，是超越的现实世界，也蕴含着对未来世界的构想和想象的可能世界。

和合可能世界是人所盼望的美好幸福的世界，是人想象的能动性、经验的参与性，以及想象的确立、思考的深入性与境界的崇高性使然。想象是奇特的思维能力，它是自由的，蕴含着生命鲜活的诗意，想象使存在变得可能，由想象转化为理想，成为和合可能世界的实现催化剂，能够激发主体精神的生命潜能、勇气和人情、理想为求真而否定现实，求善而改造现实，求美而超越现实。这在各宗教里都有表现，如佛教期望西方极乐世界，伊斯兰教认为死后要到天堂，基督教终极关切是天国，道教羽化登仙到神仙世界，儒教终极境界为大同世界等。在这个世界中没有杀人、没有偷盗、没有欺诈、没有奸淫，"各美其美，美人之美，美美与共，世界和合（沿用费孝通的话而改世界大同为和合）"的天美、地美、人美的真善美的和合可能世界。这便是人们所说的终极关切的信仰世界，信仰是人的特殊价值需要，信仰说到底是对某种价值理想的敬畏和崇拜。

和合学的和合生存、意义、可能三界，在其各自演变中，各真其真，各善其善，各美其美，真善美圆融无碍，既各正其境与理、性与命、道与和，而又唯变所适，保合太和。

四、和合原理

三个世界构想的价值关切，是对于实现经验世界的反思。经验世界是包括人处于其中的动态性世界，真正的经验是人自身历史性、现实性的经验，和合经验世界是人类存在的基本样式。现实的经验世界面临各方面严峻的挑战。在全球化、信息革命的当代，全人类实实在在地成为命运共同体，人类共同面临人与自然、社会、人际、心灵、文明之间的五大冲突（其他冲突均可包含在其中），由此而造成自然生态、社会人文、伦理道德、精神信仰、文明价值五大危机。此五大冲突和危机具有全球性、普遍性，影响所及，全球生物和人人都不可逃。人与自然冲突所造成的自然生态恶化，自然生态的脆弱性、资源的有限性与人类消费的无限性严重的冲突，如气候变化，人类无处不受其所害。人与社会冲突所构成的社会人文危机，带来的动乱战争、杀人放火、恐怖贩毒、难民逃亡、假冒伪劣、图财害命等，直接危害人的生命财产的安全。人际间冲突则造成伦理道德危机。由于个人要求的不合理性、多种功利目标的竞争性、满足功利要求资源的有限性及其成果分享不和谐性，便产生利益冲突，出现重利轻义、唯利是图、寡廉鲜耻、道德沦丧。加之道德标准的双重性、任意性、模糊性，形成民族国家间公共危机。心灵冲突及其精神信仰危机。人是一切矛盾冲突的交织点、集中点，若矛盾冲突不能排除化解，心灵就会发生病变而有害精神健康。人在心灵善恶的多元价值目标追求中而导致冲突，心灵的精神信仰支撑或本体承诺就会发生动摇，加剧心灵的疾病。文明之间冲突及其价值危机。文明的程度和水平，标志着人道的开放程度和人性的解放水平，在中华古代即所谓"夷夏之辨"。由此而发生冲突，即使是同一文明的各派、各国，也不例外。乃至以此方的（单向的）价值"合理性"、"真理性"充当挑起争端、战争的辩护词，给人类和平合作蒙上随时性、突发性的忧患。

　　和合学吸纳中外古今的智慧和化解功德，从全人类的视域以观五大冲突和危机，提出五大化解原理，即和生、和处、和立、和达、和爱。

和生遵循"万物并育而不相害"的原则。自然、社会、他人、他国、他民族、他文明都是有生命、有情感的存在，都有生存的基本权利。他们在互相冲突融合过程中共生、共育，而不互相戕害，否则就会导致共毁、共灭。在当今信息时代，任何他者都是这个生命共同体中的一员，"天地万物本吾一体"，要走共同发展、合作、共赢、繁荣之路。

和处要发扬"和而不同"的精神，遵循"道并行而不相悖"的原则。虽然人类社会的政治、经济、文化、制度、宗教各不相同，或者说是"道"不同，但为了人类共同的福祉，不仅要承认他者的存在，而且要尊重他者，要以包容、温和、同情、善良的心推己及人、及物，坚持和平共处，以造福人类。

和立遵循"己欲立而立人"的原则，自己站起来了、独立了，也要使他国、他民族站起来、独立，而不是相反。反之，自己要幸福，也要使别人幸福，要以开放的、宽容的胸怀接纳他者，协助、维护他者，让他者依据自己的生存方式、发展模式、价值观念和平发展；让他者自己决定自己的命运和发展道路。

和达遵循"己欲达而达人"的原则，自己发达了，也要使他国、他民族发达，共同发达。在当今多元世界中，存在发达、不发达、发展中国家。发达国家中一些过去曾靠侵略与殖民而走上发达之路，而过去被侵略、被殖民国家基本上处于发展中或不发达的状况。当今发达国家不断将自身危机转嫁于发展中或不发达国家，抑或限制、制裁、阻碍发展中、不发达国家的发展，导致这些国家经济凋敝、政治动乱、人民遭殃，发达国家与发展中、不发达国家冲突加剧、积怨加深，世界就不会安全、太平，发达国家害人也害了自己。唯有合作共赢和达而共达、共富、共荣，世界才能和谐、和合。

和爱遵循"博爱之谓仁"、"泛爱众"、"兼相爱"原则。推而广之"仁民爱物",仁爱人民和万物。人人都要爱,懂得、学会爱,这是人类生存的第一要义,是人类和平、发展、合作、共赢的智慧源泉。人类若没有爱,人就会变成狼,人类就会走向毁灭。世上任何宗教都高举爱的大旗,基督教讲博爱,佛教讲慈悲和普度众生,儒教讲泛爱众,道教讲人人自爱爱人,伊斯兰教讲爱动植物和人。人皆有不忍人之心的爱,这是人的基本人性,而与吃人的兽性有天壤之别。

五和原理根源于中华文化宝库,是中华民族文化精髓和时代价值的体现,是化解五大冲突和危机最理智、最适宜、最有效的原理、原则。"五和"是世界民心所向,"得民心者得天下"。五和体现为世界战略的实践价值是"和实力"。和实力是指军事、经济、话语、制度等实力的融突和合,以及在其融突的实践交往活动中和合为一种新实力的总和。和实力是中华智慧对世界的一大贡献,是对硬实力、软实力、巧实力的超越和化解。和实力的战略意义是实现世界新秩序的最佳选择,是实现中国梦的有力保障,是实现"一带一路"的思想基础,是缔造世界和平的伟大力量,是实现美丽中华、美丽世界的支撑力量和人类社会持续发展的需要。和实力是中华民族自己的话语,是具有中国特色的世界观、价值观、发展观、战略观和方法论。和合实力使世界变得更安全、更美好。人人和乐、和美的和合世界,是世界人民所期盼的。

五、接地通天

"清气澄余滓，杳然天界高"。自谓"一个小人物接地通天的思考"的马宪泉先生，以其清明之气澄净残余渣滓，以其高大广深的胸怀接地通天。其"五和"包括人心和善的道德观、家庭和睦的人生观、社会和谐的价值观、世界和平的国际观、天人和合的宇宙观。如此人心和则善，家庭和则兴，社会和则谐，国家和则强，世界和则宁，天地和则美。为此我曾作文称"五和"文化具备"五性"，即时代性、良知性、创新性、道德性、国际性。五性以说明"五和"文化是中华民族文化精髓的体现，有重大的时代价值和现实意义。若中华民族以此"五和"实践，中国梦就肯定实现；若世界人民以此"五和"实践，和平、发展、合作、双赢将永续生生不息。

"五和"的和合文化虽经"博学之、审问之、慎思之、明辨之"，但关键在笃行，这是马宪泉先生所致力的。为使"五和"的和合文化落地生根，马宪泉先生组建了"五和"文化工作小组，开办"五和文化大讲堂"。同时，琼州学院和东方五和文化研究院联合倡导"五和文化志愿者"走进贫困山区小学、敬老院、戒毒所等，让人们亲身体悟五和文化爱心和智慧，使"五和"文化的践行落实、量化、细化。我们期待在不久"五和"的文化鲜花将以其光鲜璀璨的美姿开放于中华大地。

前　言

　　为什么要写这本书？很多人问过我，我也无数次问过自己：你既不是作家专家，也不是官员名人，更没有任何背景，为什么要自不量力，去讲宏大的传统文化，去忧国忧民忧天下呢？

　　这还得从我的"五从"、"五和"与"五观"说起。

一、我的"五从"经历

　　要理清楚这件事，还得从我的"五从"人生经历谈起。

　　我是 20 世纪 50 年代出生的人，一生的命运深受时代影响。童年在山东农村长大，青年参军见证过对越自卫反击战，退役后做了基层干部，壮年时逢改革开放的浪潮，跟随十万人才下琼州，扎根天涯二十多年，最后，又捡起笔杆子，选择做文化慈善。回首这大半生，从农从军从政从商从文"五从"人生，经历过饿死人的年代，经历过斗死人的年代，经历过战场上的血火，也经历过生意场上的搏击，一个一穷二白农民的儿子，一路能走到今天，我打心眼儿里感恩社会，深知时代与个人密不可分，希望以微薄之力为社会尽一分力、为他人解一分忧。

选择做文化慈善，一是因为自身喜欢，大半生漂泊四海，无论身居何处，滚滚红尘里，喧嚣世俗中，一直保持着警醒的心，不随大流，不执己见，边做事边读书边思考已经成为习惯；二是几十年下来，不敢说读万卷书，行万里路、阅人无数倒也不是假话，越走到后面，越觉得文化对一个人、一个国家的重要性。这二十余年，我一直领着员工们做慈善，与一些敬老院、希望小学、智障儿童学校以及贫困大学生保持着帮扶关系。但是，多年的公益下来，遭遇了不少尴尬：捐助贫困大学生，大学四年至毕业连个感谢的短信都没有；借款给朋友，最后钱没还，人也失联了。慈善的尴尬，只是一个小小缩影而已。不少有识之士都在反思，这些年来，我们培养了多少高学历的利己主义者？多少端起碗吃肉，放下筷子骂娘的"白眼狼"？多少种植毒大米生产毒奶粉的黑心人？多少吃共产党的饭，还砸共产党锅的腐败干部？……根源在哪里？文化缺位了，人心缺"德"了。

中华文化绵延了五千年，尤其是道德伦理文化，是全人类公认的最优秀的文化，没有之一。可是，经历了近大半个世纪的战乱，经历了十年"文革"，近三十年抓经济，文化早已像一个无用的老祖宗，被我们远远遗弃在身后。现在，我们的GDP全世界第二了，奢侈品消费全球第二了，可是我们的文化却不敢拍着胸脯称第二，我们的道德更加不敢拿出来说了。

扶物质的贫，只能扶一时，扶心灵的贫，才能扶一生。尤其是经济高速发展这十年，物质上贫困的人越来越少了，而心灵上贫困的人却越来越多，可以用十六个字来形容我们自己："身强体壮，东说西骂，腰包鼓鼓，六神无主"。心灵贫困，这才是一个人根上的贫困，解决不了这个问题，再有钱也只是一个衣着光鲜的"乞丐"，有钱不值钱。

人过五十，就该知天命了，经历过春的耕耘、夏的辛劳，到了收获的秋季，懂得老老实实干活，偷偷摸摸享福。但是，人过五十，更知生命有限，就像一本存折，用一笔就少一笔，不知道老天爷给我存下了多少时光，但我确信，这存折上可供我挥霍的，恐怕是越来越少了。如此一想，总觉得还要再努力一把，天命虽不可违，也要明知不可为而为之，我愿以蚍蜉撼树的精神，以愚公移山的精神，不怕人耻笑我自不量力，用"文化慈善、心灵扶贫"的梦想照亮我的余生，照进更多人的生活，以求心安神归。

二、"五和"文化的缘起

接下来，谈谈"五和"文化的缘起。

一个商人，做好自己的生意就行了，去操心社会的事干嘛？从十多年前，我开始酝酿"五和"文化，到2012年首次在《人民日报》上撰文提出，再到近几年在学校、社区、乡镇的公益宣传、倡导践行，我经常被人嘲笑"吃着三亚的饭，操着天下的心"。但是，这么多年"不务正业"坚持下来，正是因为我的"五从"人生经历，让我深知一个道理，也可以叫"公理"：只有家庭好，父母好，子女才会好；只有企业好，老板好，员工才会好；只有大家好，别人好，我才会好；只有国家好，民族好，人民才会好；只有大国好，小国好，世界才会好；只有人人好，万物好，天地才会好。一切一切的好，都要人心好。

当下中国，价值多元，拜金盛行，贫富分化，但总有一种力量从未泯灭，那就是和文化的传统。中国和文化源远流长、博大精深，儒家讲

"礼之用，和为贵"、"天时不如地利，地利不如人和"；道家讲"天人合一，道法自然"；佛家讲"因缘和合而生诸法"；官家讲"政通人和"；百姓讲"家和万事兴"、"和气生财"……一个"和"字影响了中国几千年，讲包容、讲慈悲、讲不同、讲统一，已经融入中国人的骨中之骨、血中之血，"有钱没钱，回家过年"就是最好的证明。每年短短十余天春运，数亿中国人不远千里回家团圆，创造了人类历史最频繁、最壮观的人口大迁徙。悠久的春节，靠什么牵动着13亿中国人？"回家过年"的力量为什么势不可当？一句话，传统的力量，文化的力量，亲情的力量，"和"的力量。

中国的和文化源远流长、博大精深，精华、精粹、精髓很多，如何挑选出其中最具代表性的思想智慧，又能与当今世界、中国现状完美融合，真正让老祖宗五千年的和合智慧，接上21世纪新世界、新中国、新人类的地气，是我一直在思索的重大命题。

"文化接地气"这个提法，现在很火。什么叫"接地气"，各人有各人的理解。我对"接地气"的理解，就是从社会精英到普通百姓，都能听得懂、看得见、记得住、做得到。好比乘法口诀，易记易理解易背诵，只要上过学的人，背熟了一辈子都有用，一辈子都不会忘记。任何一种文化，如果只停留在书本、课堂，那不能称之为文化，而只是文字和知识。

文化决定观念，观念决定心态，心态决定行为，行为决定习惯，习惯决定未来。真正优秀的文化，应该接地气，让人听得懂、看得见、记得住、做得到，影响着人的一言一行、一举一动。因此，经过多年对和文化的潜心学习、科学梳理，进行创造性的转化、创新性的继承，最后，我提出了一个"五和"文化。

什么是"五和"文化？简单来讲就是——人心和善、家庭和睦、社会和谐、世界和平、天人和合。这"五和"，连5岁的孩子都能听得懂，没有文化的人也能记得住，社会精英更能从中品味出和文化的博大精深。具体一点来讲，"五和"可分为三个层面：第一个层面，划分出五大部分；第二个层面，归纳出五大冲突；第三个层面，提炼出五大和合。

先讲五大部分。每天，我们打开电视点开网络，无数的社会新闻就挟带着戾气迎面扑来，还有国际社会数不清的战争、制裁、纷争、冲突，大自然频发的地震、洪灾、旱灾，天天不断，好比是一个万花筒，看似眼花缭乱，归纳起来，其实也不复杂。如果我们以人为核心将地球划分为五大部分：人、家、国家、人类世界、地球万物。首先有人，人组成家庭，家庭组成国家，各个国家组成了人类世界，人与万物又共同生活在大自然。

再讲五大冲突。当下世界的冲突和矛盾，可以依据上面划分的人、家、国家、人类世界、地球万物这五个部分，进一步归纳为五大冲突：人类发展与自然的冲突，国家与国家之间的冲突，社会人民内部矛盾的冲突，家人之间的冲突，人心自身的冲突。地球上所有的冲突，都离不开这五大矛盾。这五大矛盾的根源，都是由于人心的不调和、人心的不平衡、人心的不友善、人心的不满足造成的。

最后讲五大和合。"五和"文化，就是将中国传统和文化一以贯之，贯穿到五大部分的五大冲突之中，进行整合、细分和提炼，从人心到万物，就有了——人心和善、家庭和睦、社会和谐、世界和平、天人和合的"五和"文化。

得人心者得天下。"五和"文化的第一条，首先是人心和善，这是"五和"文化的出发点和落脚点。和是什么？和是包容；善是什么？善是慈悲。如果人人都用包容心和慈悲心去做人做事，自然家庭就和睦了；千家万户都和睦了，社会就和谐了；每个国家都和谐了，世界就和平了；人类世界都和平了，天地万物当然就和合了。反过来讲，天人万物和合了，世界自然是和平的；世界都和平了，各个国家自然是和谐的；社会和谐了，家庭自然是和睦的；家庭都和睦了，人心自然就和善了。

人心本善，还是本恶？这是人类争吵了几千年的话题。我认为，人心本来无善无恶，全看你种什么因，就会得什么果，当然这个观点也不一定正确，只是我多年思考的结果。我是农民出身，就拿种地来打比方：人一生下来，心就好比一片从未有开垦过的沃土，播下什么样的种子，就有什么样的收获。土地上种了树，就不易长草，人心种了善，就不易生恶。文化就好比种子，家庭、社会、国家、世界，就好比帮助种子生长的阳光、空气、雨水、肥料。播下草籽，只能收获漫山的荒草；播下树种，就会收获成片的森林。

"五和"文化，好比人类文化宝库中的优良树种，当我们在人心的沃土种下"底线、责任、诚信、教养、常识"这五颗和善的"种子"；经过父母长辈辛勤的培育，它们就会萌芽生长，成长为"相信、相重、相让、相敬、相爱"五株家庭和睦的葱郁"小苗"；"小苗"在社会各界的辛勤培育下，就会苗壮成长，长成"公心、公开、公平、公正、公民"五株社会和谐的"参天大树"。然后，在世界各国的辛勤培育下，"大树"就会开出"安全、独立、尊重、合作、共赢"五朵世界和平的美丽"鲜花"。最终，水到渠成，结出"敬畏、因果、顺应、相融、共生"五颗天人和合的累累"硕果"，为人类万物提供最美的物质和精神食粮。

因此，这"五和"，既是奋斗目标，又是奋斗路径，也是目的结果。其间的每一和，都有人在不同时期、不同场合提出过。但是，"五和"文化的贡献在于，第一次将这"五和"系统性地贯穿起来，和文化好比是散落各地的珍珠，我把它捡起来，以人心为线，穿成了一条完整的珍珠项链，这五者的关系，层层递进，互为因果，唇齿相依，和合共存，超越国界、宗教、族群，是可以被不同国家、不同信仰、不同肤色的人同时接受的普遍价值，也是中国传统文化开出的一剂解决人类冲突的济世良药。

人和万事顺，家和万事兴，国和万事成，地和万邦协，天和万物生。如果全世界七十多亿人都人心和善，十五亿家庭都和睦了，两百多个国家和地区都和谐了，那么我们的世界一定是和平的，人类和地球一定是和合的！

三、"五观"与中国梦

现在，全国人民都在忙着实现中国梦。

实现中国梦的根本是什么？我认为，复兴中华民族，经济制度可以相互学习，政治制度可以相互借鉴，唯有中国文化，代表着中国人的心灵归属，是中华民族独一无二的灵魂，只有它才能真正引领中国实现全面的伟大复兴，才能真正代表中国，面向世界，走向未来。

中国文化最珍贵的思想是什么呢？两千多年前，《论语》就给出了答案：和为贵。以中华文明为代表的东亚文明与印度文明、西方文明并称为世界三大文化系统。其中，只有中国文明五千多年没有中断，靠的是什么？也是"和"。

灿烂的汉唐文明已经证明，人类世界最优秀的国家和民族，除了具备经济、军事的硬实力，话语权、价值观的软实力，更要具备协和万邦的和实力。进入 21 世纪，中华儿女经过百年的拼搏奋斗，即将迎来中华民族的伟大复兴，如何让老祖宗留给我们的和文化，在新的时代焕发生机，为世界人类作出贡献，这是我们每一个中国人都应该思考的问题。

可是，令人担忧的是，近些年文化的西风刮得太猛，尤其是美国文化横扫世界、狂袭中国，年轻人对美国文化如数家珍，对自己的文化却越来越陌生，这不能全怪年轻人忘本。历史已经翻过了两千多年，如果我们现在还拿着四书五经，天天跟孩子们讲"孔子曰"、"老子曰"，孩子们听不懂，看不见，如何能记得住？如果连记都记不住，还奢谈什么做得到？长此以往，我们还如何与西方文化争夺人心？

实现中国梦，一定要让传统文化接地气，既要继承传统文化，又要创新传统文化，无数有识之士已经跋涉在这条艰难而光荣的道路上，数不胜数的国学大家们上下求索，硕果累累。

"五和"文化，也是传统文化继承与创新道路上的一种大胆的、接地气的尝试。将博大精深的和文化进行细分、归纳、整合、提炼，提出了人心和善、家庭和睦、社会和谐、世界和平、天人和合，5岁的孩子都听得懂，没有文化的人也能记得住，相信有了这个基础，离做得到就不远了。

人心和善的道德观、家庭和睦的人生观、社会和谐的价值观、世界和平的国际观、天人和合的宇宙观，这"五和"五观，如果与中国梦相结合，可以进一步延展和充实为五个方面：

第一，人心和善是实现中国梦的道德基础。当下社会出现的种种问题，都是由于人心的不调和、人心的不友善、人心的不真诚、人心的不满足、人心的不平衡造成的。和是包容，善是慈悲。如果所有人都能用包容心和慈悲心去处理发生的问题和矛盾，就没有处理不好的关系、解决不了的问题。

第二，家庭和睦是实现中国梦的基本条件。每一个人，出门是社会，进门就是家，"家和万事兴"是中国人千年不变的信念。古人讲"修身齐家治国平天下"，我们先做一个人心和善的人，就能拥有一个和睦幸福的家，有了千千万万小家的和睦，才有国家的和谐。

第三，社会和谐是实现中国梦的重要保障。和谐社会不是没有差异的社会，是有了差异可以协商的社会，是"和而不同、欣欣向荣"的社会，只有实现了"公心、公开、公平、公正、公民"的和谐社会，才能成为实现中国梦重要的保障。

第四，世界和平是实现中国梦的必备环境。从古至今，中国人民向来爱好和平，珍惜和平，享受和平。协和万邦，是中华文明之所以能长存五千年的智慧源泉。中国崛起，已势不可当。其实，一个强大的、独立的、稳定的中国对全世界都好，因为这样的中国是一个和平的中国，一个和平的中国对全世界都有好处。世界和平离不开中国，中国的发展也需要世界和平。

第五，天人和合是实现中国梦的终极目标。人类能离开空气吗？人类能离开水吗？人类能不吃不喝不呼吸吗？人类都不能。有一天，我们有钱了，但呼吸不到新鲜空气，喝不到干净的水，没有健康的身体，中国梦就是一场空。天人和合的宇宙观，是中国古人最朴素的智慧，也是中华文明对世界思想文化的巨大贡献。当下，面临"天上地下"的污染困局，无论是西方，还是中国，都要溯本求原，从"天人合一"的智慧里寻找人类未来的出路，寻找拯救地球的良方。

作为一个来自民间的草根文人，无论学识、才华、智慧，我都无法与国学大家们并肩论道，但是，对传统文化深沉的爱，对国家命运深切的关注，我与名家们心有灵犀。此外，我的"五从"人生阅历，与各阶层深入广泛的接触，根植于底层的观察角度，长期践行"五和"的体悟，这些来自民间的智慧，或许能给他人提供一些新的视角，于我而言，就很欣慰了，很知足了。

中国梦，是每个中国人的梦，我也有自己的中国梦——让人好起来，让家旺起来，让国强起来，让世界爱起来，让地球绿起来！

最后，用一个小故事来作为结尾吧。

从前，和尚在寺庙里上晚课，规定不准大声喧哗。一天晚上，几个小和尚像往常一样念经，突然来了一阵风，把油灯吹灭了。这时，一个小和尚站起来说："哎呀，油灯灭了。"又一个小和尚站起来说："咱们有规定，念经的时候不准大声说话，你怎么不遵守呢？"第三个小和尚什么也没说，走到油灯前，重新把灯点亮，然后回到座位上继续念经。

第一个小和尚，发现了问题，只喊不做还违反了制度，就像现在很多人，端起碗吃肉放下筷子骂娘，看得见别人头发上的虱子，却看不到自己脸上的苍蝇。第二个小和尚想法是好的，但是指出别人的错误，却没有办法解决问题，自己还跟着犯了错误，就像现在有些讲空话的官员、装蒜的意见领袖，说的人慷慨激昂，听的人心潮澎湃，再仔细一想，都是些拍脑袋张口就来，拍胸膛掷地有声，最后拍屁股甩手走人的"三拍"空话，根本于事无补。而我们的社会，正是需要第三个小和尚的实干精神，既不指责别人，也不违反制度，还能想办法把事情做好。希望我们都能像第三个小和尚一样，喊破嗓子不如甩开膀子，真干实干，实现个人梦想，实现中国梦！

第一章

人心和善：
实现中国梦的道德基础

树叶不是一天变黄的，人心不是一天变凉的。

中国改革开放三十余年，经济发展创造奇迹，综合国力空前提高，人民生活极大改善，但由于侧重发展经济，忽略了文化建设，也出现了一些问题：经济热了，人心凉了，腰包鼓了，心灵空了。普遍来说，就是一些人觉得自己亏了，不敢相信别人了，六神无主，见死不救，蛮不讲理，见利忘义，一哄而上……种种乱象，归根到底，都是因为人心出了问题。

天下什么最难平？人心最难平。不信，我们可以用手摸一下自己的心口窝，无论男女老少、黑人白人、胖人瘦人，在心口窝那里，都一定是凹进去的，只要不死，就永远也平不了。

为什么平不了呢？佛家讲，人有五大心病，分别是贪、嗔、痴、慢、疑，是每个人一出生就带来的。借用这种说法，本人认为当下社会人心不平，也是由这五大毛病中来。

贪，从顺境中来。人越顺，得到的越多，心就越大，想要的就越多。日子越来越红火，贪心自然越来越重。

嗔，从不满意中来。一个穷社会里人不抱怨，反正大家都一样穷；一个富社会里人也不抱怨，大家都过得很舒坦。唯独一个贫富分化的过渡社会，人的怨气特别大，因为人要攀富比贵，一比就觉得不如人，就要抱怨人迁怒人了。

痴，从不明事理中来。拜金盛行，信仰危机，人在这样的环境中，容易是非不明，善恶不分，颠倒妄取。

慢，从自我膨胀中来。改革开放三十多年，先富起来的一部分人中的个别人，免不了有些盲目自大，目空一切，看不见别人也看不到自己。

疑，从不信任中来。经济发展了，诚信透支了，我们的信用卡越来越多，人与人的信任却越来越少。一个处处提防人的人，如何能善待他人，一个互不信任的社会，如何能和谐发展？

所以，"五和"文化的第一条，首先是人心和善，这是"五和"文化的出发点和落脚点。和是包容，善是慈悲，如果能够用包容和慈悲去治疗当代人的五大心病，就没有处理不好的关系、解决不了的问题。

人心和善，是实现中国梦的道德基础。无论多么美好的梦想，也要依靠人来实现，多么完善的制度，也要靠人去执行。党心民心，关键是人心；民生、民主，关键是民意。实现中国梦，归根到底，还得从实现每一个中国人的梦想开始。只有当每个中国人的梦想都向善、向上、向和，十三亿中国人的梦想汇聚，才能真正实现国家富强梦，民族复兴梦，人民幸福梦。

修身齐家治国平天下，是中国人传统的道德理想。要实现这个理想，也必须先从修身开始做起，只有人心向善、向上、向和，才能最终实现和合天下的理想。

得人心者得天下。无论是新时代的中国梦、传统道德理想，还是"五

3

和"文化，最终的落脚都在人心上。人心善了，家就祥和，百姓安乐，国才强盛。

人心本善，还是本恶？这是古今中外争议几千年的哲学命题。我认为，人心本来无善无恶，全看你种什么因，就会得什么果。当然这个观点不一定正确，只是我多年思考的结果。打个形象的比方：如果把人心比作一片未经开垦的沃土，那么，文化就好比种子，家庭、社会、国家、世界，就好比阳光、空气、雨水、肥料，播下什么样的种子，就有什么样的收获。土地上种了树，就不易长草，人心种了善，就不易生恶。播下草籽，只能收获漫山的荒草；播下树种，就会收获成片的森林。

"五和"文化，好比人类文化宝库中的优良树种，当我们在人心的沃土种下"底线、责任、诚信、教养、常识"这五颗和善的"种子"；经过辛勤的培育，它们就会萌芽生长，成长为"相信、相重、相让、相敬、相爱"五株家庭和睦的葱郁"小苗"；再继续辛勤的培育，就会茁壮成长，长成"公心、公开、公平、公正、公民"五株社会和谐的"参天大树"；然后，开出"安全、独立、尊重、合作、共赢"五朵世界和平的美丽"鲜花"；最终，水到渠成，结出"敬畏、因果、顺应、相融、共生"五颗天人和合的累累"硕果"，为人类万物提供最美的物质和精神食粮。

一、人心哪里不平了

当下社会，道德出现了一些滑坡，比如说金钱至上、全民焦虑、食品安全、信任危机……比如说有些人办事靠金钱开道，有些官员靠关系升迁，有些商人靠美女投石问路，有些人靠人情办事……归根到底，都是由于人心的不调和、人心的不友善、人心的不真诚、人心的不满足、人心的不平衡造成的。

做人最重要的是什么？讲良心。记得我小时候，每逢庄稼歉收，就有不少乡亲背井离乡，红着脸，低着头，靠讨饭谋生。几十年过去了，如今乞丐成了一种职业，很多乞丐"工作"时穿得破破烂烂，"下班"后穿得起名牌、用得起高档手机、买得起私家车。许多年前，我认为只要老百姓腰包鼓了，乞丐自然就少。可如今看来，"丐帮"的队伍不减反增，行乞的原因，不一定是缺少钱，而是缺少良知。你谴责他，他会反问你："良心值多少钱一斤？"

小到乞丐，大到整个社会都是这样。改革开放三十多年，我们的经济总量已经是世界第二了，我们吃饱穿暖了，腰包鼓鼓了，但我们的道德滑坡了，心灵贫穷了。GDP 不是遮羞布，一个光有 GDP 而不讲道德的国家难称大国，一个人心不平的社会难称和谐，怎么办？这个病因是我们自己造成的，不能怨别人，只能自己给自己治病。世界上最难的手术，是自己给自己动手术，但是这个"手术"再难也要动。为了我们的国家，为了我们自己，为了我们的后代儿孙，我们必须在自己身上"抽血化验"，给自己动"手术"。

1. 贪心：到底挣多少钱才够

人心不和善，最大的病根就是贪。这一点，从我们对待钱的态度上就能看出来。

中国传统历来重义轻利，不过，改革开放短短三十年，曾经最耻于谈钱的中国人，变得特别爱钱了。从生存角度看，无可厚非，谁让我们以前那么穷？从道德角度看，无休止的"钱、钱、钱"，让欲望膨胀，人心生病。

在生了这种病的官员眼里，一条河，只是运输通道和发电能源；一片森林，只是产出木材的宝地；一片山脉，有没有矿藏才是价值所在；一小块空地，见缝插针盖楼才是正理……

生了这种病的普通百姓，个个都成了经济人，天天盘算的都是投入产出："买基金还是买彩票"，"花多少万把孩子送进重点中学"，"交这个朋友有什么好处"，"没房没车怎么好意思谈婚论嫁"……

更可怕的是，钱和权几乎成了成功的唯一标准。"诗人"、"文人"、"小资"这些曾经满含赞美的称呼，今天已变成了最恶毒的嘲讽，意思是，你不仅穷，而且还穷开心，不以穷为耻，就是最可耻的。

"到底挣多少钱才算够?"这个问题我问过很多人，每个人的答案都不一样，甚至每个人在每个阶段的答案也不一样。比如一个大学生，刚工作月挣1500元的时候，觉得月挣5000元就是天堂，等到能月挣5000元的时候，觉得月挣10000元才算勉强够花。为什么? 因为欲望比工资涨得快，能月挣1500元的时候，欲望已经是5000元了。所以，往往是工资挣得越高的人越嫌收入少。

再比如一个老板，刚创业的时候，一单生意赚几万心里都美滋滋的。企业发展之后，赚一千万都嫌少。为什么? 因为欲望在增长，能挣一千万的时候，欲望已经是十个亿了。所以，很多老板越做到后面，越觉得自己的公司小，钱不够用。

人有七情六欲，谁都希望自己的日子过得好一点，钱挣得多一点，父母长寿一点，子女考上好的学校……这些欲望都是正常的，前提是你必须用正常的手段去争取，而不能靠占公共的便宜、公家的便宜、别人的便宜，来满足自己的贪欲。

一提到"贪"，绝大多数中国人脑子里第一个想到的就是脑满肠肥的贪官。的确，没有比中国人更恨贪官的了。从街头巷尾，到田间地头，再到论坛微博，贪官都是人们发泄的靶子，怒骂贪官祸国殃民，似乎一辈子的不如意都是贪官造成的，好像这样一骂，自己刹那间就变得高尚清白起来。可是，扪心自问，贪婪的只是官吗？我们自己就一清二白？与"贪官"相对应的是"贪民"，想想看，我们停车的时候，经常会在一些非自动化监控的停车场，碰上保安跟我们商量"要发票停车费8元，不要发票5元"，连一个保安都想利用手中的"权力"，把5元停车费落进自己口袋，何况有些权力的"民"呢？看看我们身边，还有一些会计、交警、老师、医生……他们审计要回扣，出警为罚款，值勤捞好处，教课乱收费，手术收红包……贪得明目张胆，因为他们知道，官贪有可能会被法律追究，而"贪民"则无人过问，这些"贪民"与贪官的区别，只是贪多贪少的区别，相同的都是贪心。

即使你不是利用职务之便的"贪民"，超过30岁的中国人，有多少敢拍着自己的胸脯说，从没有揩过公家的油、占过小便宜，从没有用公司的电话打过私人长途，从没有到处找车票假充差旅费，从没有以不索要发票为条件跟商家砍价，从没有在楼道的公共空间放过自家的东西，从没有为图方便占便宜、送过红包托过人情……

贪官并非无源之水，绝大部分贪官过去都是你我这样的老百姓。"我是农民的儿子"、"小时候家里很穷"，既是贪官们忏悔时的套话，也是事实。"小时偷针，大时偷金"，这是人人都知道的道理。如果当老百姓的时候贪小便宜习以为常没有人管，做了官以后，贪赃枉法就不足为奇了。所以，从某种程度上说，老百姓恨贪官，也是老百姓"培养"了贪官。

其实，人有贪欲并不可怕，有了适当的贪欲，人才能生存发展。人一出生，第一个欲望就是"吃"，不吃就活不下去。所以，人是必须要有欲望的。不求生，人就得死；不求上进，人就要落后；不求真理，人就会无知；不求革新，人就没有改变；不求发展，人就不会富裕。

但是，贪欲太强反过来就会害死人。再拿吃来说吧，如果你管不住嘴，大鱼大肉，山珍野味，暴饮暴食，最后就会死在了这张嘴上。

所以说，人生不能没有欲望，人生又不能有过多的欲望，关键是要把握住尺度。人一辈子，有两个"要"：一是需要，二是想要。有一个小故事把"想要"的道理讲得很透彻：一个大湖里有条大鱼，它最大的愿望就是变成湖里最大的鱼王。有一天，大鱼在水面上捉到一只从天堂到人间来游玩的小精灵。小精灵乞求说只要放了它，就让大鱼实现一个心愿。虽然大鱼已经饿了好几天，可最重要的是，它想变得更大。于是，大鱼说出自己的心愿："我想变成一条大鱼，一条真正的鱼王，比有史以来的任何一条鱼都要大！"话音一落，大鱼就开始变大，它越长越大，越长越大，大得连整个湖泊都容不下了。最后，这条奇大无比又愚不可及的鱼王困死在了湖里。鱼王死后，湖边的居民一致认为，鱼王是上天馈赠给他们的礼物。于是举办了一场盛大的烤鱼晚宴，大家载歌载舞，品尝着美味佳肴，度过了美好的时光。当然，鱼王除外，它已经变成了人们的腹中餐。

人要学会知足，就要分清什么是"需要"与"想要"，必须记住：需要的不多，想要的太多；想要的不重要，需要的才重要；能要该要的才要，不能要不该要的，绝对不要。人要学会知足，还要记住"三比"：往上比，找到的只能是痛苦；往左右比，找到的是平衡；往下比，找到的才是快乐。

与对钱的贪婪完全相反的是，中国人对知识的态度。有这样一组数字：以色列人一年平均读64本书、俄罗斯人55本、美国人50本、日本人 40 本、法国人 20 本、韩国人 17 本，而我们中国人年平均读书量只有 4.5 本。中国经济总量已经世界第二了，但中国人的文化素质呢，又会排在第几位？如果我们不去改变，恐怕有一天，五千年历史的文明古国，真要沦为"土豪之国"了。

钱真是万能的吗？可是，世上最珍贵的东西却是免费的。

阳光，是免费的。地球万物，没有谁能够离开阳光就能活下去的。然而，从小到大，有谁为自己享受过的阳光支付过一分钱？

空气，是免费的。人的命，全靠这一呼一吸。从古至今，又有谁为空气买过单？

水，是免费的。人一天也不能离开水，天上的雨水、河里的淡水，从来都是免费的，哪个人为滋养生命的水付过一分钱？

亲情，是免费的。儿不嫌母丑，狗不嫌家贫。当我们一丝不挂地来到这个世间，没有一对父母会对孩子说："你给钱，我才疼你养你"。

梦想，是免费的。无论是富人还是穷人，只要愿意，都可以拥有一个梦想。

……

为什么世上最宝贵的东西都是免费的？因为他们的价值是无法用金钱衡量的，也是无法用金钱买到的。能用金钱买到的东西，都不是最宝贵的。最宝贵的东西，是金钱不可替代的，是我们无法失去的，是失去了就再也找不回来的。

2. 嗔心：互骂和互害的日子不长久

人心不和善，第二个病根就是嗔。

嗔，有两层意思：一是不满，二是怨气。

先说不满，一个人心不满的社会，肯定是一个骂声泛滥的社会。

我们每天都在骂声中生活，不是在骂人，就是在被人骂。我用一串关联词语"因为……应该……但是……所以……"，总结了当下社会的互骂现象。比如说：因为我是老人，你应该给我让座，但是你没有，所以我要骂你；因为你是交警，应该指挥好交通，但是堵车了，所以我要骂你；因为你是医生，应该把我的病治好，但是你没有治好，所以我要骂你；因为你是官员，应该替我们做主，但是你光顾着升官，所以我要骂你；因为你是老板，应该给我合理的报酬，但你没有，所以我要骂你……

可是，我们在骂别人的时候，就那么理直气壮吗？

有一次，我在一家小面馆里吃面。面馆的老板闲得无聊，坐在我对面聊天，说是聊天不如说是骂人，骂政府，骂腐败，骂贪官，越骂越起劲，我问他："要是你做了官会怎样？"

他毫不犹豫地回答说："我比他们捞得还狠。"

"那你还骂他们做什么？"我好奇地说。

老板不好意思地笑了，"这不没当官嘛。"

没当官，你骂官，当了官，别人又骂你。

还有一年清明，我回老家马村扫墓，乡亲们经常围在一起闲扯，每次扯到最后，都要扯到政府、腐败，贪官。有一次，我实在忍不住，问："你们子女有几个在吃公家饭？"结果，10 个人里有 3 个举手。

"那你们骂政府干什么？政府的人，都是你们千辛万苦养大的儿女，即使不是你的儿女，也是沾亲带故的亲戚。我们在这里骂政府、骂贪官，其实是在骂自己的子女，骂自己没把儿女教育好。政府只是个机构、名称、符号，政府里面的人才是关键，人好政府就好，人不好，自然'政府'就不好。"我说完，大家都不说话了。

"骂声"泛滥，从正面说，能够骂这骂那，说明社会进步了，每个人都有了骂的自由；从消极方面来说，不分青红皂白，端起碗吃肉，放下筷子骂娘，会引发负面情绪，恶化社会矛盾。

再来讲怨气，一个充满怨气的社会，肯定是一个互相伤害的社会。

有两句话大家都很熟悉：一句叫人命关天，另一句叫民以食为天。当这两句话放在一起的时候，我们就知道这重要性到底有多大。然而，恰恰在这个问题上，最讲究吃的中国人相互伤害最深。

生产染色馒头的工人说："打死我都不会吃，饿死我都不会吃"；种植毒大米的农民说："地里产的粮食都卖了，我们自己都不敢吃"；生产地沟油的黑心商贩说："我从来不敢去外面小餐馆吃饭"……从粮食、蔬菜、水果到熟食、副食、饮料，总有一些黑心生产者这样说，坚决不吃自己工厂生产的食品。但是，不吃自己生产的黑心食品，就可以避免被"下毒"吗？

卖毒白菜的，不吃自己种的毒白菜，却天天吃化学"牛肉"；卖化学"牛肉"的肉贩子发了大财，举杯庆祝，喝下的却是工业酒精兑制的假酒；假酒公司的员工，为孩子买到的奶粉被添加了三聚氰胺；在假奶粉企业食堂里，正在供应着地沟油……

这就是互害生活的特征，你造假，觉得你占了便宜，我也造假，觉得我占了便宜。结果，人人都害人，人人又被人害。

每当一起食品安全案件曝光，人们都习惯把矛头指向法律不健全和执法部门不作为，这些都没错。但是，你有没有想过，政府不可能向全国每个食品种植点、生产点、加工点、餐饮点都派监管员，即便都派了人，谁又能保证这些执法者不跟黑心商贩串通一气？所以，再健全的法律，再严密的监管，最终还得指望人讲良心讲底线。只要有人不怕伤天害理，这种互害链条就不会彻底消失。

社会就好比一艘船，无论穷人富人、官员百姓，大家都在一条船上，船的空间有限、资源有限，如果我们为了自己多吃多占，不断地相互侵害、相互责骂，这样的日子肯定长久不了。最终的结果，只能是船沉了，大家同归于尽。

3. 痴心：不讲理的老占便宜

人心不和善，第三个病根就是痴。

这个痴，是愚痴，是不明事理、不分是非。

最普遍的现象，是有理的让着没理的。就拿开车这事来说，中国所有城市都一样，规规矩矩开车的，肯定得让着横行霸道的。不让，就会碰上，碰上之后，摊上不讲理的，耽误工夫不说，好多事都扯不清。

有理的得让着没理的，开车是这样，其他事情也差不多。2012 年，一起发生在飞机上的空姐被打事件就比较典型。一个地方官员喝高了，在飞机上无故闹事，不听从空姐的劝解，还口出狂言，在飞机上追着毁打空姐。事后，这位官员啥事也没有，空姐还因为"服务态度"问题受到上司指责。如果不是坐在前排的非洲留学生把整个事件的视频曝光在网络上，引发舆论密集持续关注，让打人者最终受到处分，恐怕这位空姐就只有忍气吞声了。

生活中，我们是不是也经常遇上这样的情况："他喝高了，别惹他"，"他脾气暴，我们顺着点"，"他块头大，别吃眼前亏"，"他来头大，还是别争了"，"他年纪大，我们忍着点"，"他年纪小，不和他一般见识"……

这种现象，按老道理说，好像也没什么不对头，和为贵，忍为高，让一步海阔天空嘛。但仔细一琢磨，好像又不对，大家都是人，凭什么总让有理的人吃亏，这不是明摆着鼓励大家不讲理嘛。讲理的老是吃亏，讲理的人自然就少，而且道理也没人理睬了。时间长了，大家是非不分了，善恶不分了，道理也就不是道理了。

有理的让着没理的，一方面是因为这些都是鸡毛蒜皮的小事，受点委屈发点牢骚就算了，没时间怕麻烦，不想去找地方评理。退一步，就算真找了派出所、社区、工会妇联来调解，也往往是有理的作出让步。因为有理的往往是讲理的，跟不讲理的人讲不清，调解人为了息事宁人，只好委屈讲理的。结果，时间久了，讲理的人，也会变得不讲理了。

另一方面，光靠政府监管也是不够的，还需要有讲理的人敢出头，敢于跟不讲理的人讲理。有理的让着没理的，第一次叫气度，第二次叫宽容，第三次就叫软弱。再拿开车来说，因为不讲理的司机老是抢道，我们习惯让警察来解决这种问题，自己绝不肯出头。最后，什么地方都得警察管着，警察忙不过来了，就只好装摄像头，尽管侵犯大家的隐私，但还得装，替警察看着不讲理的人，因为不讲理的人，本质上就是不守规矩的人。最后的结果，就是这个社会要靠越来越多的警察、摄像头来看住盯牢，才能维持秩序。

因此，一个社会要想好，必须让没理的付出代价，否则，道理就没了。要让人学会讲理，首先，管理社会的官员要学会讲理。不能大事小事，理解要执行，不理解也要执行。社会不是军队，不能事事按军法从事。现在群体性事件出得多，在很大程度上，就是某些官员不讲理造成的。比如说拆迁，先要告诉居民为什么要拆，如果引起了纠纷，得到法庭上解决，给人个说理的地方，不能你说拆，就一下子拆掉了。同样，警察执法、城管执法，都得给人个道理，不能上来就玩横的，不行就打人。还有，推行一项政策，先要给老百姓讲道理，让大家知道为什么要这样，而不是那样，道理说通了，才能落实，不能政府机构一张告示，一个命令，就把事办了，老百姓只有接受的份儿。只有大官对小官讲理，上级对下级讲理，官员对百姓讲理，把道理讲通了，人家才会对你这厢有礼。

学会讲理的社会，才是一个有序的社会；学会讲理的政府，才是一个好政府；学会讲理的人，才是一个文明的人。

4. 慢心：自己总站着，让别人老蹲着

人心不和善，第四个病根就是慢。

慢，是傲慢，自我膨胀，看不起别人，看不见自己。

当下中国，"先富起来的人"是一个敏感阶层，一方面来自一些人的"仇富"心态。实际上，很少有人会真正仇富，不信你问问他愿不愿意把自己的钱包扔垃圾桶或是把自己的车子房子都一把火烧了？

人们真正仇的是穷，是穷怕了，渴望快快摆脱贫穷，快快富起来，让生活更好起来。所以，实际上，仇富是仇自己不富，更准确地说，是仇别人比自己富，仇比自己富的人。那么这种心态对不对呢？如果只是"羡慕嫉妒恨"，从而激发自己的自信心和上进心，不失为一件好事，至少不是什么坏事。有问题的仇富是什么？是真仇恨一切比自己富的人，认为他们比自己富就是不应该的，钱挣得肯定来路不正，别人比你富了，就该分给你，否则就是为富不仁。这样的结果，只能是有能力的人不敢创造财富，大家只能均穷，共同贫穷。

另一方面，有些先富起来的人的傲慢，又加重了这种心态。为什么社会越来越仇富，跟少数人喜欢炫富有很大关系，名包、豪车、别墅，还有圈子、品味、慈善……统统都成了炫富的资本，甚至还有些"富二代"一边炫名车名包，一边挖苦围观的网友，"你们全家光干活不吃不喝30年，也买不起我的一部小座驾"之类的狂言，这分明就是拿钱砸人，是对他人

的傲慢和伤害。伤害他人的利刃，反过来会伤害到自己。

讲一个真实的故事。2011 年山西发生了一起恶性爆炸事件。一个老板年盈利过亿，聪明能干，精力旺盛，投资了一个小水电站，事业正是风生水起的时候。征地时，当地农民都比较买账，唯独有一户农民，非得多要四千块钱。双方唇枪舌战，越谈越僵。最后，老板下了死口，说："这不是钱的问题，而是一个大是大非的原则问题，这四千块，我就是不给。我倒要看看，你一个农民，凭什么跟我争？"被激怒的农民，也马上扬言说："这四千块钱我就要定了。"

对峙的结果，是农民身上绑着炸药包闯进了老板的办公室，随着一声巨响，两人同归于尽。一个亿万富翁，为了四千块钱送了命，为什么呢？据当地人反映，老板年轻有为，有钱有势，为人傲慢，没有把一个农民当回事。而农民呢，气不过老板门缝里看人，硬要争这口气，最终你死我亡。

一个巴掌拍不响，农民的极端做法必须受到严厉的谴责，老板的傲慢也是引火烧身的主要原因。想一想，你有钱有势，在人群中你老站着，让别人老蹲着，蹲久了，别人就会不舒服，别人不舒服，最后就会让你不舒服。

曾有一位人大代表，是一个建筑公司的老总，在大会上讲了一句关于高房价的话："没有人叫你去广州买，也没有人叫你去深圳买啊，你可以回老家买啊。你为什么要到广州和深圳买呢？这证明这个市场还有吸引力。有钱人不想跟没钱的住在一块，没钱的人更不想与有钱的人住一块。"他意思是说，有市场就不怕房价高，有买的有卖的，愿打愿挨，好一副傲慢的嘴脸。

其实，先富起来的人可以对社会做很大的贡献，你合格生产、安全生产、照章纳税、不行贿就是对社会做贡献。此外，如果还能低调消费，不炫富不张扬，做做慈善，则是更大的贡献。

当一个社会在正常的贫富差距下，富人要有富心，穷人要有穷骨，无论贫富，大家一样会和谐共处。

5. 疑心：不要跟陌生人说话

人心不和善，第五个病根就是疑。

疑，是疑心，不相信天下有无缘无故的好人，不相信天下有掉馅饼的好事。

《不要跟陌生人说话》，这部电视连续剧的内容很多人都不记得了，不过相信所有人都认同这个说法。幼儿园里老师教育孩子："不吃陌生人的糖果"、"不给陌生人指路"；在家中，我们叮嘱老人："陌生的电话号码不接"、"买东西不听陌生人的推荐"；银行门口摆放着提示牌："不给陌生账户打款"；社区警务站贴着海报："陌生人搭讪别理睬"；媒体呼吁："越想帮助你的人，你越要提防，世上没有无缘无故的恨，也没有无缘无故的爱"……

于是，大家慢慢就形成一个共识——不能相信陌生人。我们把这种新型的社会人际关系称为陌生人社会。与陌生人社会相对应的是传统的"熟人社会"，是中国传统社会几千年的社会人际关系。在过去的熟人社会里，生活一辈子，跟你打交道的人，都是三亲六戚、七姑八婆、发小同窗，山不转水还转，低头不见抬头见，除了特别坏的恶人，人与人之间碍于面子，更怕辱没先人，谁也不好意思做太出格的事情，遇上困难大家都会帮。改革开放，搞活经济，人们从家乡奔向天南海北，过去熟悉的亲戚乡亲，统统被陌生人取代。从"熟人社会"走向"陌生人社会"，首先是时代的进步，这意味着经济规模扩大、人员流动性增强、公共服务的社会化程度提高。但是，刚刚离开熟人社会的中国人，突然发现不知道该如何和陌生人相处了。

中国的陌生人社会有什么特点？一方面对别人高度提防，另一方面又抱怨人性冷漠；一方面责怪他人麻木不仁，另一方面又提醒自己遇到事情少出头；一方面看不惯他人没公德没素质，另一方面又管不住自己的不文明行为。追究原因，正是彼此已失去基本的信任感，习惯用戒备的态度面对陌生人。

所以，在陌生人社会里，当我们不得不跟陌生人打交道时，多数人也会本能地把陌生人变成熟人，表面上"熟人好办事"，实际上是"熟人才信得过"。可是，仔细想一想，人这一辈子究竟能有多少个熟人呢？人的时间和精力是有限的，就算你是个大能人，手机里存 1000 个朋友的号码已经撑破天了；就算你是个公众人物，一辈子下来，跟你有交情的朋友 10000 个已经到顶了。所以，无论你有多大能耐，最终还是不得不每天跟陌生人打交道。

而对陌生人的这种不信任，久而久之，也会蔓延到熟人身上。凡是平白无故帮助我们的熟人，也会被打上问号，担心人家有什么企图。到了最后，我们只好万事不求人，既不敢接受别人的帮助，也不敢去帮助别人，把自己关在笼子里，装保险门，装防盗栏，认为这个世界上只有自己是好人，而外面的都是"坏人"。每个人能做的就只剩下相信自己，不相信别人。

那么我们应该如何与陌生人打交道呢？

我认为应该把握三点：第一，学会分析判断，加强自己明辨是非的能力，敢于相信陌生人，接受陌生人的帮助。万事不求人，肯定不是人。人一辈子，要帮助别人，也要坦然地接受别人的帮助，这是对别人的尊敬，也是一种善良的美德。很难相信一个不敢接受帮助的人会是一个乐于助人的人。人与人之间的信任，就像空气一样，我们如果接受了他人的帮助，他人就会因你接受而快乐。我们在接受他人帮助的同时，也会给予他人更多的帮助。

第二，我们要带头做善事，去帮助陌生人。可能你主动去帮助陌生人，不但得不到感谢，还会引来别人的猜忌，甚至被反咬一口，但是不管怎么样，你还是要去做善事，你可以先让别人相信你，把陌生人变成熟人，然后再去帮助别人。

第三，要学会用道德和法律规范约束你与陌生人之间的往来。在熟人社会，我们依靠乡缘、血缘、地缘，制约和建立人与人之间的道德观念，在陌生人社会中，我们完全可以通过建立完善的法治，让公正、权威的法律保证人与人之间的普遍信任，重建陌生人社会的道德观。这样，当与陌生人交往时，尽管你可能并不清楚对方的状况，但会相信一旦出现欺诈失信行为，可以通过正当的方式"讨到说法"，也相信能得到公正的裁决。

接受别人的善意，成全了别人的善良，会唤起更多的善意。同时，我们接受别人的善意，也记住这滴水之恩，再用自己的善意回报这个社会，让更多的人接受善意。

二、人心是怎么不平的

贪心、嗔心、痴心、慢心、疑心，这是我们人心生病的五大症状。

为什么会出现这"五心"？从理论上讲，是经济发展超速了，道德建设滞后了；从根源上讲，是全社会缺乏一个让绝大多数人心服口服的主流价值观；从本质上来讲，是我们的思想变了，我们的欲望变了，我们的要求变了，我们的人心变了。

我们的人心是怎么变的？接下来，我们试着来分析一下。

1. 人心的三种状态

"上善若水"这句话，有无数种解释，我也有自己的见解。

人的身体内70%—80%都是水。所以，从某种意义上讲，人是属水的，人心也具有水的属性。如果我们用水来做比方，将人心的三个阶段比作水，就知道人心是怎么变化的。当外在环境发生变化，水的状态也会发生变化，这个外在环境就是选择。

当温度在零摄氏度以下的时候，水是什么状态？固态。

改革开放以前，人心是固态，为什么是固态？因为我们每个人没有更多的选择。

这一点，20世纪五六十年代的人最有体会。那个年代，一个人离开学校走入社会，人生基本上就确定了，农民的儿子回家务农，只有一个方法跳出"农门"，就是参军、入党、提干，最后分配一个工作。家是城里的，回家待业，家里有门路的，可以先找个工作，没门路的只能等老人退休好接班。实在不行，只能响应中央的号召上山下乡。

那个年代的人，操作系统都只有一个，就是组织的利益高于一切，一切行动接受组织的安排，干一行就得爱一行，因为你没有第二个选择。所以那个时候，管理人心，就用对待冰的管理手段。冰用什么管理最有效？去过哈尔滨参观过冰雪大世界，你就找到答案了。用刀来切割、雕琢它，切成什么形状就是什么形状，雕成什么形状就是什么形状。

当温度在零摄氏度以上的时候，水是什么状态？液态。

20 世纪 80 年代改革开放，中国的社会环境相当于零度以上，冰变成了水。从冰到水，是社会的一大进步，但问题接着来了。水是流动的，哪里合适就往哪里去，所以大家做什么都是一窝蜂地，国家抓经济，人们就讲挣钱，什么挣钱就去做什么，有时甚至不辨是非、唯利是图。

这时候，再沿用管理冰的制度和手段，就没有效果了，那叫抽刀断水水更流。刚开始给你一点表面的配合，很快就销声匿迹。因此，走过场、走形式、一阵风，成了普遍现象，不仅政府、企业是这样，甚至连学校、家里头也这样。

水用什么管理最有效？容器。想有多大就有多大，造什么形状就什么形状，就像足球场一样，有严格的边界，中间爱咋跑咋跑，你只要别出圈就可以了，这就是一个场的概念。所以管理要从过去的刀来过渡到容器。什么是容器？就是场。

用什么来造场？文化。改革开放之初，我们睁眼看世界，发现我们落后了，于是我们就向世界先进国家学习，我们觉得日本人工作的态度好，所以我们向日本人学习敬业。我们也羡慕德国人的机器造得精密，所以我们向德国人学习严谨。我们也羡慕美国人的创新搞得好，于是，我们又向美国人学习。可是，学来学去，最后却学了一个四不像。为什么呢？因为我们的环境跟人家的环境不一样，我们的文化跟人家不一样，好比我们的种子不一样，我们的土壤不一样，就算一样浇水施肥，长出来的庄稼肯定也不一样。所以，中国的老话才讲："一方水土养一方人"，文化打造的就是这一方水土。

当温度在一百摄氏度以上的时候，水是什么状态？气态。

最典型的是"90后"，他们生下来就遇上中国经济发展最好的年头，相当于水烧到了一百摄氏度以上，所以他们的状态是气态。他们从小没有受过苦，两三岁开始接触叫 IT 的东西，就是电子游戏，看看我们身边的"90后"，思想活跃，个性张扬，不愿受拘束，连语言都跟别人不太一样。

气怎么管理？你往前推，它会往后走；你打算用盒子把它装起来，它已经飘走了；要不，干脆给压缩起来，让你跑不掉，怎么样？那很危险，空气一压缩，如果控制不好，就会变成炸弹。不过，大家想想气有能量，还是冰和水有能量？当然是气有能量。所以，未来中国，要从制造大国提升为创新大国，"90后"是主力军，因为他们从小到大没有受过条条框框的约束，创新是他们生下来就有的基因。

气用什么管理最有效？大家知道发电厂是怎么用气的？当气出来以后，让它通过一个管道，因为气是轻的，它要往上走，让你往上走，但必须经过这个管道，管道中间装了一个发电机，当气走过管道的时候，顺便带动了涡轮机，最后产生了交流电。请问气干了什么？什么都没干，这就叫无为而治，这就叫干什么不吆喝什么。

这个管道就是机制。用什么来造这个"管道"？还是文化。

可是，我们天天讲文化建设，为什么收效不大呢？我认为，文化应该有上下两层意思，地面之上是文，地面之下才是化。文化只有转化，才能够起决定作用。举个例子，过去中央提过"五讲、四美、三热爱"等等口号，现在你能记住几条？也就是说，我们只是把文贴出来了，变成文件了。我们现在讲的文化，更多的是官方文件，是文化产业，没有把文做好转化，成为深入人心的思想、观念和习惯。

中国用三十多年的时间，走了人家西方国家三百多年的发展之路，所以人心也是三种状态并存的：一部分上层多是 20 世纪五六十年代的人，属于固态；一部分中层多是 20 世纪七八十年代的人，属于液态；一部分基层多是 20 世纪 90 年代的人，属于气态。不同的状态，不同的心态，不同的欲望，如果我们再用强制性的手段去管理人心，必然起不到根本作用。就好比一个鸡蛋，我们想改变它的形态，一味地靠外在的手段去施压，压到一定程度的时候，的确得到了突破，但是你得到的是一个荷包蛋，充其量让你吃一顿，很快就没得吃了。但是，如果我们从内在的感觉入手，让鸡蛋自己去突破，破壳以后，你得到的是一个生命，这个生命自己会长大，长大以后还给你下新的鸡蛋，孵出新的小鸡，养你一辈子。这个孵化的力量，就是文化。

当我们认识了人心的状态，懂得用文化去深入人心、教化人心，就会从"心"出发，真正影响每一个人的一言一行、一举一动。

讲到文化育人，在这里，我想提一条建议，希望我们的中央主流媒体在这方面做个表率。比方说，现在如《新闻联播》这一类严肃节目的黄金播放时段，插播的还是名酒广告，让全国好几亿观众都在找好酒喝。电视台也要生存，做广告无可厚非。但是，能不能对广告的时段有所限制，比方说把商业广告放在专门的生活、娱乐频道，而在严肃的新闻频道，除了电视节目外，只播各种类型的公益广告，用正能量的文化，潜移默化地润育人心，那就真是功德无量了。

2. 人生的三个觉醒

人活一辈子，烦恼多半都是我们自找的，是我们的心先出了问题，然后生活、工作、健康，一个跟着一个的出现问题。比如说女人都爱美，可有些女孩总是喜欢熬夜，等出现了眼袋，再用昂贵的化妆品来打扮自己，但她们忘记了一个非常重要的美容方法，就是每晚 11 点前睡觉。人的身体要顺应大自然的基本规律，做好了就会延年益寿，做不好就会百病缠身。同样，人的心也要顺应良知的基本规律，做好了福慧双全，做不好百事不顺。

那么，人为什么常常违反良知和规律呢？因为悟不到、参不透。人的一生，至少有三个需求：一是物质的需求，比如说吃饱吃好，穿暖穿好，住得舒服等；二是情感的需求，比如说有人照顾有人疼，去爱人关心人；三是精神需求，比如说有追求有理想。这三个需求，是人的本能。而人就是在这三个需求中去历练、去体悟，收获到三个觉醒，才能真正认识到什么才是生命中最本质的东西。

第一个觉醒，生命的觉醒。生活中，我们处处可见这样一些人：喝酒喝到烂醉，打麻将打到不分白天黑夜，抽烟抽到手指熏黄，天天玩到半夜三更，在闹市区里飙车……他们受欲望控制，不懂得节制，说是在享受生命，其实是在浪费、消耗、伤害生命。人，首先要懂得珍惜自己的生命，才懂得珍惜别人的生命。一个珍惜自己的人，会开始戒烟、戒酒，会把车速减慢，锻炼身体、作息规律，不会横穿马路，不会愿意去做那些不安全、有害的事情，这是在对自己的生命负责，也是在对他人的生命负责。要知道，生命不仅仅是你自己的，还是你家人的、朋友的、社会的。

第二个觉醒，自我的觉醒。很多中国人一辈子都没有为自己活过，因为有太多的不舍，太多的放不下。事业放不下，为工作而活；子女放不下，为亲情而活；名利放不下，为荣誉而活……活了一辈子，到了临死的时候，才后悔从来没有为自己而活过。自我的觉醒，就是要懂得替他人着想，为自己而活。该读的书，要及时读。该吃的美食，要快点吃。该去的地方，要背包就走。该爱的人，要大胆去爱。人生很短，很多事情，只要不会伤害别人，不伤害公德和社会形象，想做就去做吧，生命没有你想象中那么长，你没有自己想象中那么重要。

第三个觉醒，利他的觉醒。有些人为什么特别自私，因为在他们的脑子里，认为要帮助别人，自己就要有所牺牲，别人得到了，自己就一定会失去。其实很多时候，帮助别人并不意味着自己吃亏，甚至还会反过来帮助自己。打个比方，你有 6 个苹果，全部自己吃掉，那么你仅仅尝到了苹果的味道。假如你自己吃一个，把剩下的 5 个分给别人，那么，他们有水果时一定也会分给你吃，也许你吃到的水果总数还是 6 个，但你尝到了橘子、李子、桃子、香蕉、葡萄的味道，更重要的是，这些人可能从此变成了你的朋友。世界上的很多道理本来十分简单，但我们被自私所蒙蔽，忘记什么是生活中最重要的东西。当我们只知道独占时，我们已经失去了整个世界。

所以，我相信，未来既不属于有钱人，也不属于有权者，而是属于那些有正能量的人。

那么，如何让人人遵守道德，弘扬和善的正能量呢？

一个关于猴子和香蕉的故事对我非常有启发。实验人员把 5 只猴子关在一个笼子里，每天按时给猴子们喂食。笼子上头有一串香蕉，香蕉上方有一个自动装置，一旦猴子碰到香蕉，马上就会喷水。猴子最爱吃香蕉，虽然肚子不饿，但经不起诱惑。首先，一只大猴子仗着身手敏捷去拿香蕉，结果所有猴子都被喷出的水淋湿了。之后，剩下的 4 只猴子都去尝试过，结果每次都被淋湿了。于是，猴子们达成一个共识：不要去拿香蕉。后来，实验人员把其中的一只猴子放了，换进一只小猴子，这只小猴子一进来，立马要去拿香蕉。结果，被其他猴子劝住了。小猴子不甘心，趁其他猴子睡着了，偷偷去拿，结果，所有猴子都被淋湿了，小猴子因此被揍了一顿。后来，实验人员又把一只猴子放了，换进一只老猴子，在猴子们的劝说下，老猴子表面上不去拿了，但私底下跟那只小猴子商量，一起偷一起吃。小猴子经不住诱惑同意了，结果，所有猴子又都淋湿了。这下，两只猴子又被痛揍了一顿。后来，又换了一只母猴子，再也不敢去拿香蕉了。后来，慢慢地，所有的最初进笼子的猴子都被一只一只地换完了，但是谁也没有再动那串香蕉。

香蕉好比做人的道德底线，喷水龙头好比强制执行道德的法律，但凡有人突破底线，非但自己会受惩罚，其他人也会受影响，最后所有人就会达成了一个共识：必须守住道德底线，否则，谁都没有好日子过。

因此，我们的法律和道德，就是要让突破底线的人受到惩罚，让遵纪守法的人得到表彰。

三、五个"基本"播下和善的"种子"

人心本善，还是本恶？这个问题人类讨论了几千年也没有一个结果。

在我看来，人生下来，就像一张白纸，没有善也没有恶，人心就好比一片从未开垦的沃土，全看你种什么因，就得什么果。而文化，就好比那种子，家庭、社会、国家、世界，就好比阳光、空气、雨水、肥料，人心种了树，就不容易长草，人心种了善，就不易生恶。播下草籽，只能收获漫山的荒草；播下树种，就会收获成片的森林。

"五和"文化，好比人类文化宝库中的优良种子，当我们在人心的沃土种下五个"基本"——基本底线、基本责任、基本诚信、基本教养、基本常识，这五颗和善的"种子"，经过辛勤的耕耘，一定会长成家庭和睦的五株小苗，成长为社会和谐的五棵大树，开出世界和平的五朵鲜花，最终结出天人和合的五颗硕果，造福人类世界。

1. 底线：讲道德，关键是不唱高调

我们要播下的第一颗"种子"，是底线。

什么是底线？底线就是人性，是良心、良知，是不损人利己、不伤天害理。

可是，当下中国缺什么，我看最缺底线。这很可怕。一个人，没了底线，就什么都敢干。一个社会，没了底线，就什么都会发生。比方说，教师没了底线，学校教书的时候留一手，校外办辅导班交了钱的学生才能学到知识，就会影响我们国家的未来；医生没了底线，小病当成大病治，不收红包不尽心，就会危及病人的生命；法官没了底线，吃了原告吃被告，就会让百姓没了最后讲理的地方；商人缺少了底线，毒死人的食品也敢造也敢卖，就会让有毒食品危害社会；官员没了底线，拿钱才办事，钱进才提拔，就会制造贪腐；警察没了底线，为了提高破案率，刑讯逼供什么手段都敢使，就会制造无数的冤假错案；军人没了底线，玩忽职守、敷衍了事，我们的国家安全就危险了……

可见，底线是多么的重要。人类为什么要有底线？为了生存。任何人，都不能一个人活在这个世界上。所以，只有让别人生存，自己才能生存；让别人活得好，自己才活得好。这个底线，就是你中有我，我中有你，大家和善相待，才能共同生存。凡是你死我活的，最终都不能独活，这一点，已经被人类的历史反复证明过，希特勒就是最好的例子。

为什么现在的人屡屡突破底线？要我来看，最主要的原因是我们喜欢唱道德的高调。没底线和道德高标，这两个完全相反的对立面，怎么会联系在一起呢？因为我们喜欢宣扬"毫不利己，专门利人"、"大公无私"、

"见义勇为"、"刚正不阿"等道德高标，但是这些并非所有人都能做到，甚至是大多数人做不到的。做不到，又必须做，就只好做假。道德做假一开头，其他的造假就挡不住，假烟、假酒、假合同、假学历，就都来了。

希望所有的人都活得好，甚至为了别人牺牲自己的利益，这是"境界"；而不妨碍别人的生存，不侵犯别人的利益，不破坏社会的环境，这是"底线"。人的一生，应该从正面要求自己达到这个，做到那个，得到这个，感悟那个……这是做人的"境界"；但更重要的是树立反面的界限，确立羞耻的底线，即不可这样，不得那样，摆脱这样，杜绝那样。我们不可能每个人都有大贡献、大创造、大德行、大智慧，就像我们不可能人人都成为见义勇为的英雄，成为创造社会财富的企业家，人人都去搞发明创造，人人都去当老黄牛，但我们起码知道什么叫羞耻，尽量少做或者不做坏事、蠢事，不感情用事，不做丢人现眼的事、不顾后果的事、投机取巧的事、不负责任的事、伤生害命的事……当我们每一个人都真正地知耻、觉耻、以耻为耻，就守住了道德底线。

我们经常骂现在的人没有底线，但有时候我们还要问问自己的心，我们的底线是什么？在特定的环境下，我们还能不能守住这些底线？

打个比方，你专程去商场买一件自己特别心爱的东西，却发现自己的钱包被偷了。老板告诉你，这款限量版的商品已经是最后一件，现在不买就永远错过了，恰在这时，你拾到一个别人落下的钱包。即便这样，你也不能用别人钱包里的钱来买自己的东西，这就是底线。再打个比方，你的自行车被偷了，即使有十万火急的事，你也不能去偷别人的自行车，这就是底线。

不是每一个人都可以做道德模范，但起码，在任何时候，我们都必须守住自己的底线。

除了社会成员共同遵守的底线，我还倡议各行各业、各种职务、各种身份的人，比如法官、医生、律师、教师、会计、餐馆老板、小食品制造商等等，大家都联合起来，制定自己的行业、圈子、团体的职业道德底线标准，大家共同遵守、相互监督，这将有利于社会所有群体，也反过来促进了本行业的健康发展。

2. 责任：一指指天，三指指心

我们要播下的第二颗"种子"，是责任。

什么是责任？责任就是担当，是想干事、能干事、干好事、真干事、干成事，干完以后不出事，靠的是敢于担当的真本事。

中华民族从来不缺少担当的精神。大禹治水，三过家门而不入，这是对亿万苍生的责任与担当；诸葛亮六出祁山，鞠躬尽瘁，死而后已，是对国家的责任与担当；林则徐不顾安危荣辱，虎门销烟，是对华夏民族的责任与担当……

那么，责任与担当意味着什么呢？从最小地说起，便是对自己负责，担当起该担当的责任。学生的责任就是努力学习，农民的责任就是好好种粮食，工人的责任就是要生产高质量的产品，官员的责任就是要造福一方，士兵的责任就是保家卫国……

我们在担当自己的责任时，更要明白，我们担当的不仅仅是自己的责任，还有社会的责任、民族的责任、国家的责任。比如说一个学生，要知道读书不仅仅是担当自己的责任，更是为了国家而求学问，天下兴亡，我的责任。虽然你只是静心读书，只是在做分内的事，但责任重大，大可至国，"风声、雨声、读书声、声声入耳，家事、国事、天下事、事事关心"。如果工人、农民、官员、士兵，大家都有这样的担当，每个人都把天下兴亡当成我的责任，天下岂有不兴，中国的未来岂有不兴？

对自己负责后，便是对家庭负责，担当起照顾家人的责任。再说大一些，便是对集体负责，担当起朋友的责任，担当起同事的责任，担当起单位的责任，担当起本地居民的责任。接下来，就是对国家的责任，不要问你的国家能为你做些什么，问问你能为你的国家做些什么。到了最后，就是对地球的责任，我们要为仰望的天空负责，为脚下的大地负责，为河流山川负责，为子孙后代负责。

但是，当代社会，有责任讲担当的人，似乎越来越少了，在责任面前，更多人选择了逃避、推诿，甚至相互指责。我们经常骂我们的社会，骂我们的现状，骂现在的人没责任没担当。有时候，我们要问问自己的心，在骂别人的时候，我们是不是也在被人骂？

回头想一想，我们骂完贪官个个缺德，又忙着拍马钻营，自然会被其他人骂；骂完造假商人，自己卖东西又缺斤少两，自然会被买主骂；骂完企业乱排污造成雾霾天，自己出门一步都要开车，自然会被没开车的人骂；骂完城市脏乱差，自己转身就随手丢垃圾，自然会被环卫工骂；骂完儿子上课偷偷玩手机，自己上班斗地主逛淘宝，自然会被领导骂……

所以，当你骂人的时候，有没有想过这骂人的手势，一根手指指着对方，这时，恰有一根手指朝上指着老天，还有三根手指正好对着我们自己的心口窝。

因此，当我们在骂别人的时候，一定要好好想想，朝上的那根指头，提醒我们举头三尺有神明，决不能欺天；朝向自己的三根手指头，一根提醒我们不能冤枉好人，另一根提醒我们不能借题发挥，最后一根是让我们扪心自问：别人的过失，自己是不是也有责任？

说到这里，我给读者讲个小故事：

有一座寺庙，因供奉着一串佛祖戴过的念珠而闻名。念珠的供奉之地只有庙里的老住持和七个弟子知道。老住持觉得将来把衣钵传给他们中的任何一个，都可以光大佛法。

有一天，念珠突然不见了。老住持问七个弟子："你们谁拿了念珠，只要放回原处，我不追究，佛祖也不会怪罪。"弟子们都摇头。七天过去了，念珠依然不知去向。老住持又说："只要承认了，念珠就归谁。"但又过去了七天，还是没人承认。

老住持很失望："明天你们就下山吧。拿了念珠的人，如果想留下就留下。"

第二天，六个弟子收拾好东西，长长地舒了口气，干干净净地走了，只剩一个大弟子留下来。老住持问大弟子："念珠呢？"

弟子说："我没拿。"

"那为何要背黑锅？"

大弟子说："这几天我们几个相互猜疑、指责，有人站出来，其他人才能得到解脱。再说，念珠不见了，佛还在呀。"

老住持笑了，从怀里取出那串念珠戴在大弟子手上，说："能想自己，更能想别人，为了大家，担当得起责任，受得起委屈，把衣钵传给你，是最好的选择。"

不躲避，不推诿，不懈怠，不指责，宁可受委屈，也要担当起该担当的责任，这是做人最起码的道德，也是成就事业、成就人生、成就国家、成就文明的精神力量。

3. 诚信：一辈子的兑现

我们要播下的第三颗"种子"，是诚信。

什么是诚信？诚信就是兑现，是言必信、行必果，是一言既出，驷马难追，用咱老百姓的话来说，就是"说话算数"。

对于官员来说，诚信就是做大事，做实事，做好事，做完以后不出事；对于商人来讲，诚信就是利润，做人就是市场；对于所有人来讲，诚信就是踏踏实实做好每一件小事，认认真真兑现每一个承诺。

诚信，是中国传统美德，立身诚为本，处世信为基，这是中国古人的修身之道。有一个真实的历史故事，最能说明古人的诚信。唐朝贞观年间，唐太宗李世民曾经下令一次性遣散全国391名死刑犯，给他们放假一年，约定第二年此时来受刑。到了第二年，391名罪犯一个不少地全来报到。唐太宗大为感动，全部赦免了这些罪犯。从某种程度上讲，正是草民与皇帝共同的诚信，创造了贞观之治的辉煌。

但是，改革开放三十余年，我们的经济发展了，但我们的诚信却被透支了。在过去，我们相信报纸上说的，相信广播里说的，相信书本上写的。可现在，我们却什么都不敢相信了。看到电视上一个名人说某某药品好，很可能这药是假药；你收到一条短信，说你中奖了，结果是你的钱被"发奖"的拿走了；网络上一条消息说兼职一天赚上千元，你去试吧，结果活干了不少，被套在里面，一分得不到。

坏人做坏事不可怕，可怕的是好人不得不做坏事。13亿中国人扶不起一个跌倒老人，已经不是什么新闻，而是一个普遍存在的事实，一个中国人集体的心病。谁家没有老人，谁不会变老，相信，绝大多数人都不是铁石心肠，都不想见死不救。扶不起，不是不想扶，是不敢扶，怕扶了以后被讹，怕做了好事惹麻烦。最终，谁也不信任谁的结果，就会形成一个"人人自危"的社会。如果我们看到食品，就会想到中毒；看到微笑，就会想到陷阱；踏上大桥，就会想到坍塌；走进医院，就会想到误诊；我们的生活能正常吗？一个所有人都只信任自己的社会还能叫作社会吗？一个不敢接受别人好意的人，能去帮助别人吗？

诚信，就像阳光和空气。人，必须在一个充满信任的社会中，才能获得安全感，才能有更多的发展机会和更大的发展信心。

如何重建人与人之间的信任？这不仅事关国家的发展，也关系着每一个人的切身生活。我在这里提两个提议：一是每个中国公民都建立一个"诚信证"。我们每个人有身份证，这张身份证，直到死亡都一直跟随着你。我建议，凡年满18周岁，能为自己的行为负责的中国公民，每个人都应该有第二张身份证——"诚信证"。这张诚信证，是一个由国家专门的机关管理的电子诚信档案，从每一个公民成年开始一直到死亡，无论你走到哪里，都跟随着你，上面有你诚信的点滴纪录，比如上大学的时候有没有受过处分、信用卡有没有按时还款，开车闯过几次红灯，有没有按时缴纳物业管理费，上班有没有严重违规行为，有没有恶意欠债等等，但凡有不诚信的行为，"诚信证"上的信息档案上都有记录，相关机构、用人单位、银行、担保人，通过合法的程序，从大数据中一查，就可以知道你的诚信记录。这样一来，没有信用的人，必然寸步难行，有了约束，讲信用的人自然也就多了。

第二个建议，推动"实名注册"立法。中国有13亿人口，管理成本非常巨大，在很多生活领域，用假名、冒名从事非法活动的人实在太多了，防不胜防。我们可以将一些容易滋生违法乱纪活动的领域，用法律的强制手段，实施实名注册制度，比如说工商注册、股市理财、买房置业、手机号码、微信微博、QQ论坛等，必须实名才能注册，凡违反法律规定，并造成严重后果的，必须追究法律责任。

将"诚信证"和"实名制"两者相结合，必然会减少违法犯罪分子钻空子的机会，加大对不诚信的人的道德约束，对打假、打贪、造谣滋事的管理力度大大加强，人与人之间的信任就大大增加了。

诚信就是兑现，责任就是担当，做人就是讲良心。人来到这个世间，无论受苦，还是享乐，生命都是我们必须履行的事业。我们必须诚实地经营这份事业，做老实人，说老实话，做老实事，直到生命终结，一辈子兑现我们的生命事业。

4. 教养：让别人舒服，自己也会舒服

我们要播下的第四颗"种子"，是教养。

什么是教养？教养就是说话办事让人舒服，用咱老百姓的话来说，就是"懂事"。

中国传统教育非常重视教养，《弟子规》通篇都在讲人的教养，古代的中国人从小就要背熟照做。有人认为，礼貌就是教养。其实，礼貌和教养不全是一回事，礼貌是外在的、表面的、对等的，比如说在干净的环境里，你不好意思乱丢垃圾；在安静的图书馆，你不敢高声喧哗；在有序的队伍中，你不好意思插队；在清洁的房间，你不会旁若无人地点燃香烟……

但是教养却是发自内心，始终如一的，比如在脏乱的街道你不会乱丢垃圾；在没有交通监管的城市你不会横冲直撞；在乱哄哄的餐厅你依然保持安静……

更难的是看不见的教养。比如不小心把水洒在了地铁座位上，即使下一站就要下车，也要想办法擦干净，以免给下一位乘客添麻烦；比如每次住酒店退房的时候，尽量让房间恢复原样，免得给清洁员添麻烦；比如吃完自助餐后，尽量把餐桌收拾干净一些，免得给服务员添麻烦……虽然

你不这么做，也不会有人批评你，而你做了，别人也未必会知道。

尽量让别人觉得舒服，这就是教养的简单道理。但是，在我们的生活中，有很多人生怕别人舒服，尽量让别人不舒服，常常因为一些小事跟别人过不去，闹出许许多多的：我就是不答应，我就是不干，我就是不迁就你，就是不给你让座，就是不给你让道……很多流血案件，都是因为在一些小事上，让别人不舒服造成的。

佛为一炷香，人争一口气。但这个气，应是志气、勇气、骨气、胆气，而不是戾气。

什么是戾气? 就是极端之气，抱怨之气，争强好胜之气。一个身上充满戾气的人，会使他的周围充满焦虑不安的气氛，当定力不强的人进到他的气场，也会感到躁动不安。最终，一个人的戾气，感染更多的人，让社会充满了不安和躁动。

我们为什么有这么多的戾气? 气由心生，细究起来，这戾气源于痒，痛于心，显于怨。痒是因为别人得到了，痛是因为自己够不着，怨是因为想改变而无力改变。因此，戾气重的人，必然喜欢让别人不舒服。

有一个冷笑话，最能说明戾气的可怕。有一天，某人上街遇一天使，天使恭喜他说：你赶上好运了，今天你可以要你想要的任何东西，要多少都行，唯一一点要跟你说明的是，不管你要什么，你邻居都会多得一倍你所要的东西。那人考虑了下说：好吧，我想瞎一只眼。

笑话虽然有点夸张，反映的心理却一点也不荒谬，而且很平常：宁见别人蒙受比自己更大的损失，也不愿别人获益超过自己；宁可让自己不舒服，也不愿意别人比自己舒服。

戾气不仅会让别人不舒服，也会让自己不舒服。跟别人过不去的时候就容易生气，西方科学家把人生气时产生的毒素提取出来，给小白鼠注射，小白鼠就中毒死掉了。所以，人的疾病跟生气有很大的关系。不信，看看这几年医院都人满为患了，特别是肿瘤医院，很多医生都说，好多肿瘤都是气出来的。

反过来，让别人舒服，自己也会舒服。战争年代，就是千方百计让敌人不舒服。和平年代，你让别人舒服的程度，可能决定着你成功的高度。说话办事要想让别人舒服，首先自己要做一个生活的有心人，从体谅别人出发，从细节出发，进行长期的学习和观察，逐步养成良好的生活、礼仪、谈吐、行为的习惯。

因为做企业，我经常接触一些职业经理人，从年薪几十万到几百万的都有，我发现越是高薪的老总，在交往的过程中越让你感觉到舒服。无论你跟他说什么，他都能平缓接起来回答，从不让一句话落地或磕碰，让人感觉非常舒服。即使一句话不说，你也会觉得内心很欢喜。人与人之间，只要气场顺了，事就成了，就像打太极，无论什么招式，全部是以柔克刚，这就是高手过招，化解问题于无形之处、于无声之中。

教养，就是尽量让别人舒服，别人舒服了，自然也会让你舒服。如果大家都舒服了，这个社会的戾气自然就会消解，人与人之间就会和善相待。

改变社会戾气，提高个人教养，从让别人舒服开始吧。

5. 常识：和善，从"五管好"做起

我们要播下的第五颗"种子"，是常识。

什么是常识？就是基本知识，比如生活常识、安全常识、人性常识、道德常识、法律常识、自救常识、灾害常识、科学常识、社会常识等等，是每个心智健全的人都必须懂的道理。

中国的教育，最缺乏的就是常识教育。家长、学校和社会，都认为常识不重要，又不能考试加分，又不能评选优秀，看不出有什么用处，所以从小到大，没有人会教这些东西。更因为常识都是没有"技术含量"的基本知识，因此更没有人愿意去学。在中国人眼中，只有"高技术含量"的知识，才值得去学，所以，我们送孩子去学奥数、钢琴、芭蕾、国际象棋……好像越有难度，才越值得学、越有面子。

可是，这些最不起眼的常识，虽然平时学校不考试，但是生活中天天要考，每次考试都必须及格。如果考不及格，后果就很严重，甚至很"要命"。比如说当年的汶川地震，由于缺少地震常识的教育，无数本可以自救的学生失去了生命；比如说每年暑假都在发生的青少年溺水事件，由于缺乏安全常识，孩子们胡乱救人，非但人没有救到，自己也白白失去了生命；由于缺乏健康常识，很多花季少女用不科学的方法减肥，在青春期的发育阶段，损害了一辈子的健康；由于缺乏科学常识，一些青少年因为好奇吸毒，从此走上不归路；由于缺乏道德常识，个别大学生失恋后，乱发恋人的隐私照片，结果受到了法律的惩罚；由于缺乏人性常识，甚至有个别大学生为了一点小摩擦，就下手毒死舍友……

香港某电视台曾经邀请中美两国的高中学生参与一个测试的节目，提出了五个人生理想：真理、智慧、美丽、财富、权力，让学生们选择。结果，中国学生除一个人选了"美丽"外，其他人都选了"财富"和"权力"，而美国学生全部选了"真理"和"智慧"。可以想见，如不善加引导，选择"财富"的学生，长大后可能为取行财富而不择手段，而选择"权力"的学生，则可能漠视生命。命都没了，钱和权还有什么用？珍爱自己的生命，尊重他人的生命，这是最基本的常识。

有人会说美国学生选择"真理"和"智慧"很虚伪，因为美国人最重视金钱，是一个很功利的社会。这又是一句非常缺乏"常识"的话。没错，美国人很现实，正因为很现实，所以他们重视常识，而常识就是：选择了"真理"和"智慧"，自然会拥有财富和权力，以及某种程度的美丽，还有其他美好的东西，比如幸福、快乐、成功等。所以，常识告诉他们，先要追求真理和智慧，这是一切美好东西的根本所在。

我们不能决定太阳几点钟升起，但我们能决定自己几点钟起床。世界的事、国家的事、社会的事，我们无法决定，但我们可以决定自己可以做主的事，这就是生活常识。

"非礼勿视，非礼勿听，非礼勿言，非礼勿动"，这是孔子提出的生活常识。今天，我们倡导人心和善，可以再加一条："非礼勿想"。从让我们从生活的常识开始，从五个方面，管好我们自己——

第一管：非礼勿视，管好自己的眼睛。违背人性道德的现象、场景、视频、图像、文字，一定要少看、不看。

第二管：非礼勿听，管好自己的耳朵。谣言、恶言，离间、蛊惑人心和拍马屁的话，一定要少听、不听。

第三管：非礼勿言，管好自己的嘴。不骂人、不抱怨、不离间、不吹牛，少喝酒、少抽烟，不随地吐痰、不大声喧哗、不围观起哄、不造谣生事。

第四管：非礼勿动，管好自己的手和脚。不打人、不破坏公物、不乱扔垃圾、不乱贴乱画、不乱按喇叭；不闯红灯、不横穿马路、不争抢座位、不践踏草坪、不乱停车辆。

第五管：非礼勿想，管好自己的心。不计较、不发火、不贪心、不沉迷、不整人、不害人。

让我们从生活常识做起，从管好自己的眼、耳、嘴、手脚、心做起，从自己能做主的善事做起，不需要为社会作出巨大牺牲，只需要从自己做起，善待自己，善待家人，善待他人，培养良好的健康习惯，给家人一些贴心的关怀，邻里增添一些友好的气氛，给同事一些温馨的问候，为陌生人提供一点点举手之劳的服务，给干燥的社会空气一些温润……说不定，真有那么一天，我们就能改变家人、改变社会，重建一个人心和善的美好社会。

台湾歌手黄安是个佛教信徒，他有一首歌名叫《传灯》，歌词写得很好，其中有一句是这样写的："点起千灯万灯，点灯的人，要把灯火传给人。"

"灯"在佛教中代表了"法"，传灯，也就是传法的意思。在这里，我不妨把这几句歌词改上两个字——"点起千灯万灯，点灯的人，要把'和善'传给人"。

第二章

家庭和睦：
实现中国梦的基本条件

　　家是一副重担，家是一份责任；家是伤痛的避难所，家是爱心的聚集地；家是掏心掏肺的默默扶持，家是白头偕老的漫漫旅程。

　　从古至今，从东到西，人类的发展史已经证明，以家庭为单位，是人类繁衍生息最安全、最合理、最稳定、最幸福的模式。中国自古以来就重视家庭、重视亲情，"修身齐家治国平天下"是中华民族家国文化的核心，"家和万事兴"是中国百姓千年不变的人生信念，四世同堂、儿孙绕膝，是中国人对和睦家庭的千年向往。

　　可是，改革开放三十多年，中国从几千年的农耕社会转型为现代化信息社会，中国家庭也遭遇了三千未有之变局，中国人再也不把家庭和睦当作安身立命的根本了。让我们来看看几组数据：民政部发布的《2014年社会服务发展统计公报》显示，2014年全国依法办理离婚的夫妻有363.7万对，也就是说，每天超过9500对夫妻离婚；民政部的统计数据和全国老龄办发布的《中国老龄事业发展报告（2013年）》显示，中国有超过1亿的空巢老人老无所依；全国妇联2014年发布的《中国农村留守儿童、城乡流动儿童状况研究报告》显示，中国有 6200 万留守儿童像荒草一样生长；中国青年报社一项调查显示，中国超八成的年轻人亲情淡漠……

当代家庭的种种矛盾，我用"五相"来总结：相离、相怨、相隔、相忘、相烦。为什么会出现这"五相"？从理论上讲，是实行计划生育以后，家庭结构变化了；从历史上讲，是社会转型以后，传统家庭瓦解了；从根源上讲，是时代变化了，家风教育没跟上。

尽管问题多多，但是每个中国人心中依然珍藏着对家的深情，有钱没钱回家过年，每年数亿人的春运就是最好的证明。西方文化是一种宗教文化，人们离开家庭，还有宗教生活。中国文化是以家庭为基础的文化，如果失去了家庭，我们还有什么，还能去哪里？

家庭和睦，是实现中国梦的基本条件。家是最小国，国是千万家。人，出门是社会，进门就是家。国家的安定，需要千千万万家庭的稳定作为基石；社会的和谐，需要千千万万家庭的和睦作为支撑；没有家庭幸福，个人的幸福更无从谈起。

相信、相重、相让、相敬、相爱，是家庭和睦的五个方法，也是我们播下的五颗人心和善的种子，经过精心培育，成长起来的五株家庭和睦的"小苗"。这五株"小苗"，是从底线、责任、诚信、教养、常识这五颗"种子"培育而来。因为，一个讲道德底线的人，自然会孝敬父母；一个对工作负责的人，自然会对儿女负责；一个对别人诚实的人，自然会对爱人忠诚；一个有教养的人，自然会为亲人着想；一个尊重的常识的人，自然会处理好家庭关系。

朋友可以选择，家人则是我们的宿命。我们都是家的儿女，家是我们的避风港，家是人生的第一所学校。人和万事顺，家和万事兴，家庭和睦是社会和谐的基本条件，当千千万万的家都和睦了，我们的社会一定是和谐的，我们的世界一定是和平的，我们的地球万物一定是和合的。

一、我们的家庭怎么啦

一提起家，很多人第一个念头就想到房子和孩子，接下来才想到爱人和父母，最后才会想到兄弟姐妹和三亲六戚。这很能体现当下一部分中国人的家庭价值观：房子和孩子最重要，爱人和父母委屈一点排后面，至于亲戚嘛，只能靠边了。

可是，房子不是家，深夜没有一盏温暖的灯为您照亮回家的路，再豪华的别墅也不是家；你溺爱儿女，冷落了丈夫，却不知道爱孩子最好的方式是好好爱你的配偶，一个完整的家，才是你给孩子最好的礼物；你忙这忙那，老是没时间回家看看父母，却不知道生命不像你想象中那么长，不回家的理由并没有你想象中那么重要，人生最大的遗憾莫过于你喊一声"爸妈"时，回应你的是时空无尽的沉默；每年春节吃团圆饭，你都总是嫌这些亲戚太吵太烦，斤斤计较，攀富比贵，可是当你遇到困难的时候，第一个想到的人就是他们，第一个向你伸出援助之手的，也是他们……

朋友可以选择，而家人则是我们的宿命。缘分，让我们成为相亲相爱的一家。缘分是什么？缘分就是不能选择，缘分就是可遇不可求，缘分就是纠缠不清啊。

和睦的家庭都是相似的，不和睦的家庭各有各的不同，让我们来看看，我们的家庭都怎么啦？

1. 相离：为什么老婆不爱我们了

中国人的婚姻从来没有像现在这样脆弱，尤其是经济高速发展的这15年，每年中国离婚率都以十几个百分点的惊人速度在递增。民政部发布的《2014年社会服务发展统计公报》显示，2014年全国依法办理离婚的夫妻有363.7万对，相比上一年增长近40万对。

一年363.7万对，也就是说平均每天有9500对夫妻离婚，而且这个数字还在不断上升。每一对离婚夫妻背后，起码有6个挚爱亲朋将承受由此带来的痛苦，也就是说每天有近6万人因此而伤心、伤痛、伤感。

根据民政部门的统计，女性提出离婚的比率竟然高达70%—80%，这完全颠覆了我们长期以来对于女性为了家庭委曲求全、逆来顺受的所有想象。别说女人离不开男人，男人更需要女人，没有女人的男人没法活，没有男人的女人照样过。

从女强人到女汉子、女神，女人们越来越强悍了。以前只听过休妻，如今都快成休夫了。原因很多，一方面说明社会进步了，女人的经济、思想、情感独立了，婚姻不再是长期饭票，自然对老公的要求也高了。另一方面，尽管女人提出离婚的多了，但女人还是渴望找到一个相伴一生的人，离婚以后相对弱势的还是女人，尤其是带着孩子的单亲妈妈，无论经济还是社会地位，都处于相对的弱势地位。

既然如此，为什么老婆还是要离婚呢？根据2014年民政部提供的统计数据显示，女人提出离婚排在前三位的原因，第一是丈夫出轨，第二是感情不合，第三是经济收入不理想。

看来，感情，依然是感情，才是老婆不爱我们的关键原因。

夫妻之间的感情，我把它分为三个阶段。年轻夫妻，靠的是激情，主要是荷尔蒙在起作用，彼此都生活在欲望和幻觉中；中年夫妻，靠的是亲情，支撑一个家，上有老下有小，主要是利益和责任在起作用；老年夫妻，才是真正的爱情，这时候欲望没有了，责任完成了，还能手牵着手，足见人间真情是沧桑。

夫妻之间的感情就好比织毛衣，建立的时候，靠日复一日、一针一线，小心而漫长。拆除的时候，只要轻轻一拉，顷刻之间就灰飞烟灭。

什么是夫妻？相爱一辈子，争吵一辈子，忍耐一辈子，这就是夫妻。吵不离，骂不散，打不走，这才是夫妻。不是累了就分手，不合适就分开，是即使再累也想在一起，即使不合适也想努力争取，这才是夫妻。

最差的女人也想找到个优秀的男人，最差的男人也想找到个优秀的女人。婚前，我们睁大眼睛怎么挑都不过分，但是婚后，我们一定要睁只眼闭只眼地生活，天下没有十全十美的男女，如果眼睛睁得太久，恐怕连上帝身上都能挑出毛病。因此，聪明的老婆一定要懂得，好男人太多，不可与丈夫比。聪明的丈夫也要记住，好女人太多，不可与妻子比。一比，都是别人家的好，那婚姻就危险了。

当一个女人把什么都给你了，你该知足，她看上的不是你有多帅、多有钱，而是她已经做好了和你同甘共苦的准备。

当一个男人两手空空肯为你去打拼，你该知足，他看上的不是你有多美、多性感，而是他不想苦了跟他的女人。

在一起久了慢慢变成依赖，激情慢慢变成亲情，就算两个人在一起没有了当初的感觉，那请别忘了还有感情。当你想要放手的时候，有没有想过当初为什么陪她（他）走到这里。

在一起久了，就算没有当初那么相爱也要选择相守，男人是家的顶梁柱，女人是家的根和魂，男人懂感恩，女人懂相守，才是一辈子。

2. 相怨：多少亲子关系正走向怨恨

"现在有些孩子怎么成了自私自利的白眼狼？"独生子女的父母常常有这样的感慨。

"为什么我的爸爸不是李刚？"年轻人在社会上受挫后，私下里对老实巴交的父母也有些不满。

父母与子女之间，本该相亲相爱，为什么却变成了相互埋怨？

家庭是孩子的第一所学校，父母是孩子的第一任老师，没有生下来就自私的儿女，只有不会教育的父母。为什么做父母的，一辈子无私地爱着儿女，儿女长大后却变成了不知感恩的白眼狼？冷静下来想想，做父母的，还得从自己身上找原因。

中国现在独生子女家庭数量庞大，只有一个孩子，从小到大，父母捧在手心里，含在嘴巴里，揣在心窝里，恨不得把满腔的爱都给他，恨不得把所有事情都帮他做完。"孝子"这个词，在当代又有新的解释。孝子，孝子，原来是孝顺孩子。让我们来仔细回顾一下孩子的成长，看看我们是怎么孝顺孩子的——

孩子刚刚学走路，跌倒是再正常不过了，只要摔得不重，父母就应该在一旁鼓励他自己爬起来就好，从小培养孩子"自己跌倒自己爬起来"的人生观。可是我们的父母呢，看到孩子摔倒，心痛得不行，第一时间就冲上去将孩子抱在怀里，"心肝宝贝"地又揉又亲，自责得不得了，好像孩子摔倒跟自己有多大责任似的。

孩子长到了三四岁，完全可以教会他自己吃饭，吃饭看起来是小事，却是孩子学会人生自立的第一步。可是我们父母呢，生怕孩子吃不饱，也不相信孩子可以自己吃好，非要把三四岁的幼儿当成婴儿，亲自一口一口喂才安心。

孩子开始上学了，做父母的应该教孩子懂得读书是自己的事，让孩子学会自强，父母只是适当的引导和监督就可以了。可是我们父母呢，像书童一样侍候他学习，恨不得在他身上装个摄像头，生怕孩子在学校被老师同学欺负了，让孩子错以为读书是父母的事，自己是在替他们读书。

孩子渐渐长大了，父母应该教会孩子做一些力所能及的家务了，提高他们的生活自理能力。可是我们父母呢，觉得孩子读书辛苦了，生怕他累着分心，什么活都不让他沾，孩子呢，也觉得自己劳苦功高，理所应当地认为餐桌上最好的菜，要摆在他面前，电视机的遥控板，要握在他的手上。

等到孩子大学毕业了，社会上又流行"拼爹"，好像年轻人有没有一个好前途，不是靠自己奋斗，全靠有没有一个"好爹"，结果就是，孩子找不到好工作，父母愧疚得不行，觉得自己不争气，对不住孩子。

等孩子到了谈婚论嫁的年纪，结不结婚，年轻人无所谓，最着急的还是做父母的，受过传统教育的父母，认为"不孝有三，无后为大"，砸锅卖铁为孩子买新房、攒彩礼、置嫁妆，四处帮儿女相亲。我曾经看过的一档新闻节目，记者拉住路边一个老大爷做民意调查，问"儿女常回家看看，应不应该写入法律"，这位大爷可能正为孩子的婚事窝火，粗着嗓门，对着镜头就吼："不回家看看算什么，30岁还不结婚，才应该判刑！"恳求着、威胁着、逼迫着让儿女结婚，最后的结果就是，儿女觉得是为了父母才结婚，是替父母生孙子，所以，孙子得让父母养着，甚至老婆也让父母养着。

孩子有十个缺点，父母要为其中的五个负责。想想看，在这样的环境中长大的孩子，不懂得自立自强是很正常的，因为他们从来就没有被父母当作一个独立的人来对待，从小养成了一种观念：父母为儿女做牛做马都是理所应当的，他受之无愧，从不知感恩。今天，他认为你应该为他背书包、洗衣服、买手机，明天他就会认为你应该为他找工作、买车子、买房子，如果哪一天你给不了他想要的，他就要心生怨恨。正是父母这种无私，培养了孩子的自私。

这个世上只有三件事：自己的事，别人的事，老天爷的事。这三件事已经划清了我们的界限。自己的事，只能自己做，不要依附他人；别人的事，只可以去协助、引导、尊重，不能去包办和干涉；老天的事，好好配合，天下雨就要打伞出去。但是，人生的烦恼往往在于，忘了自己的事，爱管别人的事，担心老天爷的事。这个问题，在中国父母的教育中尤其严重。

做父母的在不知不觉中替孩子做得太多时，其实就是在无形中培养了白眼狼。因此，当你为孩子做事的时候，要教导孩子这是应该他自己做的事，父母替他做了，他要懂得感恩，一个懂得感恩的孩子，他会感激父母替他所做的一切，珍惜他得到的一切，觉得拥有眼前的一切既快乐又幸福。

与其喊破嗓子，不如作出样子。想要孩子成为什么样的人，父母自己首先就要努力成为这样的人。你希望孩子孝顺，自己就要孝顺父母；你希望孩子喜欢读书，自己就不要天天搓麻将；你希望孩子有主见，自己就不要事事帮孩子拿主意；你希望孩子坚强，自己就不能遇事怨天尤人……

如何培养一个自立感恩的孩子呢？我想，做父母的一定要遵守 10 条铁规则——

铁规则 1：不让孩子做家务，是害不是爱，不要多帮孩子做，而是多让孩子做。

铁规则 2：从小能和动物相处，长大就能和他人相处，拥有柔软的心，关怀弱势，善良比聪明更可贵，照顾比自己弱小的生命。

铁规则 3：教养孩子，父母必须以身作则。父母坐得直，孩子就行得正。

铁规则 4：告诉孩子，跌倒了，自己站起来。

铁规则 5：做决定前要思考，做决定后要负责，让孩子自己做决定、自己负责，让孩子自己做主，培养主见。

铁规则 6：跟孩子说定的时间，绝不妥协。父母破坏规则，孩子就会轻视规则。

铁规则 7：尊重孩子的发言权，理解孩子的想法，鼓励孩子学会争辩。

铁规则 8：相信孩子的感受与判断力，不以自己的经验，取代孩子的感受。

铁规则 9：让孩子多吃点苦，长大后就不会受苦。

铁规则 10：教育孩子，社会没有绝对公平，只有规则与秩序。

每一个孩子都是一粒小小的种子，做父母的，一定要精心浇水、施肥，正确修枝剪叶，天天坚持、事事坚持，这粒小小的种子，才能一天天茁壮成长，最终长成一棵参天大树，等我们老的一天，才能为我们遮风挡雨。

3. 相隔：留守儿童的绝望没人知道

6200 万留守儿童，是一个绕不开的沉痛话题，也是和谐社会的严峻考验。

他们从来不知道爸爸去哪儿了，只想知道爸爸什么时候能回来。他们像荒草一样在田间地头孤独地生长，很多时候，爸妈只是电话那头遥远的声音和汇款单上的名字。他们内心的痛苦，只有他们自己才能体会，他们的绝望，哪怕是父母，也无法真正了解。

在留守儿童的新闻中，有太多让人无法承受的伤痛，营养不良、意外伤害、心理疾病、自杀、犯罪……这已经不是一两个农村家庭的问题，而是中国农村的时代缩影。留守儿童的问题，远比我们看到和想象的更加严重，因为留守孩子的心灵创伤，我们是看不到的。

其实，从二十多年前农民进城打工那一天起，留守儿童就已经成为问题。背井离乡，是农村严重落后的被迫选择，出外打工，是青壮年农民唯一的出路。可包括农民工自己在内，每个人都沉浸于"打工赚钱"、"既挣了票子，又换了脑子"的功利想象中，都停留于"进城打工每年可往家里寄多少钱"的经济算术中，几乎所有人都将目光聚焦于城市，集体忽略了乡村自身的问题。

这种疏忽不是偶然的，而是"以城市为中心"的发展思维下的必然结果。城市是中心，农村是城市的附属品，农民工是城市建设的劳动工具。在这种"城市中心论"下，人们没有将乡村当作一个平等的主体，更忽略了背井离乡给农村造成的伤害。青壮劳力到城市打工，年轻人读大学跳出农门，农村成为城市的劳动力基地。一个严重的结果就是，农村本来完整的一个个家庭，最终被变得支离破碎，夫妻分离，父子分离，亲情疏离。

人可以容忍贫穷，但无法容忍失去脱贫的希望，无法容忍贫穷像血缘一样代代相传。农民工本想通过打工奋斗，给孩子创造一个更好的环境，他们为了解决孩子的问题而外出打工，可孩子却因为他们的外出而成为"问题"。缺少家庭关爱，学校教育又力不从心，对于留守儿童的教育，往往就停留在了最底线：只要拢住他们就行，等上完初中就可以出门打工了。

《南方都市报》曾寻访过广西一个叫温江的小村，全村八百多名进城打工的青年中，有一百多人因抢劫而被抓，而这些被抓的青年，绝大多数曾经是留守儿童。他们这一代年轻人，可以说是中国第一代留守儿童，因留守而缺少关爱、缺少教育，他们长大了，带着各种心理问题去闯社会，留下了"没有二十岁"的乡村，他们犯了罪，留下的孩子又重复着他们的故事。循环的不仅是贫穷，更是留守儿童轮回的命运。

造成留守儿童悲剧的，还有城乡之间不可逾越的鸿沟，让农村儿童看不到希望。我曾亲眼看到，一个城里的孩子向农村的孩子炫耀嘴里的"麦当劳"汉堡，一个站在店里，一个站在店外，中间隔着玻璃。那个农村孩子一直盯着城里孩子满是油腻的嘴，直到最后哭出来。城乡之间的距离，如同麦当劳店内外隔着的那道玻璃墙一样，对留守儿童来说，坚硬、冰冷、无法逾越。2014 年广东省高考作文题《胶片与数码时代》，我就认为是一个"嫌贫爱富"的作文题，如同 2015 年陕西高考作文题要写父亲在高速路上开车打电话一样，对许多贫困山区的孩子来说，胶片与数码、高速路、开车等，对他们来说，都只能在想象的世界中才能存在。他们的贫穷，你无法想象；他们的绝望，你也无法想象。

农村的贫穷、城乡的不平等、城镇中心化……这些是造成留守儿童的社会原因。

另一方面，留守儿童的问题，跟我们家庭观念的扭曲也有关。2015 年，毕节一个家庭四个留守儿童喝农药自杀，这是一个非常惨烈的悲剧。孩子们死的原因，并不是因为贫穷，家里有一栋漂亮的两层楼房；并非穷到没饭吃，家里还有粮食、生活费，还养着两头猪；也并非没有人理，兄妹辍学后，乡干部和老师六次上门动员他们回校上课，还劝他们说，学校有免费的营养午餐。但是，孩子们还是死于绝望，母亲离家出走几年没有音信，父亲外出打工一年半载都联系不上，父亲是孩子的天，母亲是孩子的地，仰头看不到天，脚下踩不着地，房子、钱、别人关心，对孩子来说，都抵不过父母的一声问候。

为什么要让孩子处于这种绝境中？为什么必须去打工？我想，比贫穷更重要的原因是，我们这个国家，每个地方都有这样一种主流思维，挣钱胜于带孩子，面子胜于家庭温暖。别说农村，也别说留守儿童，就算是高级白领、亿万富豪的家里，多少孩子也仍然跟留守儿童差不多，父母忙着上班、做生意、飞来飞去，孩子留给了老人、保姆、贵族学校。我们总说，东方文化更重视家庭，这种重视体现在哪儿了？或许，主要是体现在裙带关系上，构建权力关系上，至于爱，不重要。

留守儿童的问题，光靠家庭是无法解决的，要从根本上解决，还有赖于政策制度的改变。在这里，我想提五条建议，不一定正确，仅供有识之士参考：

第一，户籍制度的改变，减少城乡户口、异地和本地户口的待遇差别，尤其是未成年人的教育、福利的差别。同地不同权、同劳不同酬、同命不同价……几十年来因为户籍差异而催生的不公之事层出不穷。没有户口，农民工的孩子就很难享有到与城里孩子一样的教育机会和公共福利，这是农民工无法把孩子带在身边的重要原因之一。可是，村里娃、城里娃、外地娃、本地娃，都是中国娃，他们头顶是同一片蓝天，脚踏同一片土地，应该享有同样成长的权利。

第二，大力加强小城镇建设。历史证明，城镇化建设是每个国家现代化的必经之路，中国目前正在大力推进城镇化建设，主要的指导方针是稳步发展特大城市和大城市，积极发展中小城市，有重点地发展小城镇。但是，我认为，中国是一个农业大国，60%的人口都是农民，要让农民能够安居乐业，应该把城镇化建设的重心放在小城镇的建设上。小城镇繁荣了，可以大量吸纳周边的农村劳动力就业，他们节假日回家很方便，孩子也可以接到城镇读书。

第三，加强真正有特色的新农村建设。我们现在搞新农村建设，没有因地制宜，更多的是把新农村建成了小城镇。而新农村建设应该利用农村的天然资源，以企业＋农户的方式，让农民就地就业，政府牵头，企业组织，让农民以经营的方式做生态农业，建设有特色的、绿色生态农家乐，吸引城市人口到新农村度假、置业、投资。

第四，地方政府应该当好留守儿童的"保姆"。虽然保护留守儿童工程投资很大，但再也没有比生命和下一代更大的事情了，政府要肩负起"保姆"责任，要把留守儿童纳入政府工作考核，把留守儿童生命安全与当地官员的考核挂钩，只要做到这一点，保护留守儿童安全并不难。

第五，倡议将家庭教育立法。一些父母双双外出打工，把孩子扔给无监管能力的老人，父母长年不回家，连电话都很少打。对于主观上有恶意的父母，明显遗弃儿童、家暴儿童、放任儿童长期无人照顾的，必须追究家长的法律责任。为了实现新时代的家庭和睦，我们修改《婚姻法》，让弱势的一方得到财产保障，为了让空巢老人不再孤单，我们把"常回家看看"写进《老年人权益保护法》。为了确保监管父母对子女的教育义务，我们应起草一部《家庭教育法》，规定每对夫妻领结婚证的时候，必须学习《家庭教育法》，明确做父母的责任和义务。孩子出生后，要有专门的监管机构，定时审核、监督父母对子女是否尽责，如有严重违法的父母，一定要追究法律责任。法律应该对这部分父母发挥威慑作用，才能督促父母更好地保障儿童的权益。

留守儿童的问题，考验着社会的良心。因为，他们虽然人数巨大，但力量微弱，他们无力改变自己的命运，只能寄望于别人的改变。一个健康的社会无法甩下 6200 万留守儿童而独自高歌猛进，一个安定的社会也无法忽视 6200 万留守儿童的不安全成长而长治久安。

留守儿童的问题，是关联每一个城市人的问题。很多留守儿童未来 5—10 年内会来到城市，这些心理上可能有暗疾的孩子会成为你的邻居、同事、朋友。所以，不要以为留守儿童离我们很远，5—10 年后他们就在你我身边，帮助他们就等于帮助自己，关心他们就等于关心我们自己。

4. 相忘："常回家看看"真有那么难

《常回家看看》这首歌，几乎所有中国人都会唱。一首普通的歌曲，为什么会流行十几年？正是因为我们不能常回家看看，有太多的理由不能回家看看，工作太忙，家务太多，儿女拖累，银子不够，两地分居，没有心情，应酬推不掉，害怕父母逼婚……只好以歌自慰，聊补心虚。

据统计，我国近两亿老人中，有一半过着"空巢"生活。可怜天下父母心，父母再难也咬牙撑着，不跟儿女吱一声，唯一的心愿就是希望孩子们能常回家看看。人一辈子图什么，挣钱做什么，儿孙满堂，才是幸福，老一辈人都认这个理。其实，每个人都有变老的那一天，要看到老人的今天就是你的明天。

可是，我们有多少时间陪父母呢？一项调查数据让人触目惊心：超过一半的人一年只有 3—10 天陪父母，能一个月陪父母吃顿饭的人不足两成，一年都不回家的竟然占了一成。"常回家看看"为什么这么难？"工作压力大，没时间没心思"的人占了大多数，其次是"工作在外地，回家成本太大"，还有"没有好工作，没有结婚，怕父母唠叨"的人也不少。

不回家的理由看似都很充分，扪心自问，其实大部分都是因为自私。

天秤的两头，这一头是位子、票子、老婆、儿子，另一头是老父、老母，绝大多数人都选择了这一头。

我们有时间陪客户，没时间陪父母，称客户是"上帝"，称领导是"父母官"，其实，父母才是我们的上帝，这是顺序出了问题，观念出了问题。再问现在的年轻人，你们的手机里可否存有父母的照片视频，是否记得父母的生日，是否记得父母的结婚纪念日，是否知道父母偏好什么样的饭菜，是否知道父母身体有哪些不舒服？是否知道平时父母都要吃哪些药？……相信，能回答上来的人，一定不多。

百善孝为先，中国是最讲孝道的民族。相信每一个儿女都曾在心底向父母许下"孝"的宏愿，相信来日方长，相信水到渠成，相信自己必有功成名就的那一天，可以从容尽孝。但是，生命没有你想象中的那么长，不回家的理由没有你想象中的那么重要。怕只怕，有一天，当你想回家的时候，回家已经成为永无愈合的伤痛，成为无法重现的幸福，成为一失足成千古恨的往事。

孝要从小事做起，从点点滴滴做起，我们让父母的付出得到自己的回报，哪怕是一个会心的微笑，一句问候的话语，一个小小的祝福，父母也会看在眼里，喜在心里。你有很多的身不由己，实在不能常回家看看，你可以教父母上 QQ、聊微信，如果怕麻烦，想想小时候他们是怎么教你用筷子的。你可以给父母办一张健康体检卡，催促他们定期去医院体检，如果怕麻烦，想想那些像苍蝇一样盯着他们口袋的假药贩子。你可以鼓励父母去参加一些老年活动，让他们出门走走，如果怕麻烦，想想他们天天枯坐在家，会把你当成唯一的寄托。你可以给父母买部老年手机、老年随身听、电子浴足盆，如果舍不得花钱，想想小时候你穿着他们买的新衣服戴着他们买的新手表时，在小伙伴面前风光的样子……总之，只要你有一颗孝心，即使无法在跟前尽孝，也可以让父母感受到你的一颗孝心。

我听说有的年轻人第一份工作，会带着父母来办公室看一看，安他们的心，让他们知道自己跟什么样的人在一起共事，这就是很好的孝道，重在"用心"二字。

不过，纵有千万条不回家的理由，纵有那么多的微信电话问候，你还是要常回家看看呀。毕竟，七十多亿人口的地球上，茫茫人海之中，你喊父亲只有一个男人回头，你喊母亲也只有一个女人伸开双臂迎接你啊！

树欲静而风不止，子欲孝而亲不在。娘离开我已经 10 年，身为一个不孝子，我也有好多心里话想跟娘说一说——

我的娘如果今天还活着，刚好 93 岁了。我那个年代的农村老家，妈不叫妈，叫娘。我认为，是一个善良的女人做了我的娘。娘在时，不觉得"儿子"是一种荣耀的称号，娘没了，才知道这辈子"儿子"当到头了，下辈子还不知道有没有福报再做娘的儿子。在娘离开 10 年的时间里，我二十多次回老家给娘上坟，比娘活着的时候回去看她的次数多了不知多少倍。

为什么？内疚呀！惭愧呀！后悔呀！自责呀！

小的时候，娘找了一个瞎子给我算命，说我长大以后会远离父母，离祖创业。唉，这真的灵验了。14 岁离开娘去城里上学，17 岁离开娘去当兵，26 岁才回到山东德州，娘却还在农村老家，36 岁离开德州下了海南，一干就是 23 年。当初创业艰难，几年才能回一趟老家，我再三在心里对自己说，等以后功成名就了，一定把娘接到海南让老人家安享晚年。可是，好日子才刚开始了，娘却走了，带着对儿子的牵挂和不舍走了，这就是我苦命的娘；娘健在时，我忙着打拼，等我刚想要报答娘恩，娘却再也回不来了，这就是娘不孝的儿子。

夜深人静的时候，常常回想起我们做母子近五十年的情缘，你巴心巴肠地牵挂了我近五十年，我呢，一心想着外面的精彩世界，跟你真正相聚的日子太少了。娘，儿说什么都晚了，怎么后悔也来不及了。佛家讲，人有轮回，你走以后，我日日都在祈求下辈子还有福分做你的儿子，好好珍惜跟你生活的每一天，好好报答你山海一样的恩情，我的亲娘！

人死不能复生。娘你虽然离开了我，但依然活在我的心中，儿有憾也无憾。你伟大的母爱，伟大的人品，一直影响着我，鼓励着我。记得我小时候，有人到咱们家门口讨饭，尽管咱们家也不富裕，你却拿出整个的窝窝头给讨饭的人吃，你的善良给我上了人生的第一课；你坚持爬泰山十几年，给全家人祈福，祈愿我和姐姐好好读书，长大有出息，让我知道人在什么时候都要坚持信仰。我记得，即使家里最困难的时期，你借给别人的粮食也从来不让人还，让我懂得人的给予，并不在于自己是否贫富，而在于有没有一颗仁义的心……娘，你虽然是没有文化的农村妇女，却教会了我人生最重要的善良、信仰和仁义，你是我心中永远的精神导师，是我的玉皇大帝，是我心中的佛、菩萨啊。

娘，你在天国安心生活吧。你的善良、信仰、仁义，儿子都好好地继承了，儿虽不孝，却也是你争气的儿子。

作为一个不孝子，我想用自己的悔恨提醒天下还在忙碌的儿女们："孝"是稍纵即逝的眷恋，"孝"是无法重现的幸福，"孝"是一失足成千古恨的往事，让我们停一停匆忙的脚步，找一切可以找的时间和机会孝敬父母吧。

祝愿天下父母安康快乐！

5. 相烦：婆媳暗战的心理秘密

婆媳和，全家和。可见，婆媳关系，在中国家庭中举足轻重。

婆媳关系不好处，独生子女家庭的婆媳就更不好处。这些年，但凡跟婆媳沾边的国产肥皂剧长期占据各大电视台的黄金强档，足见婆媳关系已经成了中国家庭的心病。

西方家庭伦理中，夫妻关系是家庭关系的核心，而中国家庭对亲子关系的重视，远远超过了夫妻关系，仿佛夫妻关系只是完成传宗接代的工具，夫妻幸不幸福，完全取决于儿女是否孝顺、是否成才，感情天平上的严重倾斜，这往往导致了很多中国特色的家庭矛盾。

其中，最突出的就是婆媳矛盾。因为婆婆一直以来，都把儿子而不是丈夫视为生命般的珍爱。当儿子长大找到爱人，建立新家时，婆婆就会觉得生命中最重要的人被其他女人夺走了，所以就会有意无意地阻止儿子与媳妇建立最密切的关系。而儿子一直知道，自己是母亲心目中最重要的人，也会不忍心"背叛"母亲，而与妻子建立最亲密的关系。这是很多婆媳关系难以相处的心理秘密。

婆媳暗战，主要是双方没有站好队，没能看清自己、看清对方，摆正各自的家庭位置。

第一种错误：婆媳之间互为情敌。这是最常见的婆媳矛盾，妈妈辛辛苦苦把儿子养大，而儿子长大成人娶了老婆之后，对另外一个女人百依百顺，渐渐忽略了妈妈。这不免让妈妈心理失落，对媳妇会有一种排斥心理。而媳妇呢，就觉得嫁了老公，老公就要以小家为中心，以自己为中心，见不得老公总是将妈妈放在比自己还重要的位置，婆媳之间变得像情敌一样，为同一个男人争风吃醋。

第二种错误：婆媳之间互为母女。这是理想化婆媳关系后的矛盾，只有在中国，媳妇才会管婆婆叫妈妈。很多善良的婆婆和善良的媳妇，成为一家人后，都想把婆媳关系处成相亲相爱的母女关系，最终，没有如愿的。所以，民间只有"女婿是丈母娘半个儿子"、而没有"媳妇是婆婆半个女儿"的说法。因为婆婆的确不是妈妈，你的亲妈是世界上唯一一个你得罪千百遍，她还是待你如宝贝的人。而婆婆，你如果得罪她一遍，她可能会记你一年，就像你对她也经常耿耿于怀一样。

那么，婆媳之间要如何相处呢？

第一，把婆婆当领导。你可以不爱她，但一定要尊重她。婆婆为儿子忙碌了大半辈子，儿子终于长大结婚了，她就像下了岗却还年富力强的女工，免不了要对儿子媳妇的小家庭指手画脚，证明她的权威和影响力。做媳妇的，无法认可婆婆的生活方式，即使她足够正确，我们也会认为那一套早已过时。然而，你没必要跟她争论，她改变不了你，你也一定改变不了她。最聪明的做法是像对待那些与我们观点不一致的领导一样，表面顺从，无须据理力争。家庭生活最怕较真，让她舒服一点，你又不会掉块肉。她心里其实也很清楚自己对新世界的无能为力，她要的不过是一些尊重，如果这点要求你都做不到，她不跟你死磕到底才怪呢。

第二，把婆婆当孩子。人老了，性格就会像小孩一样，率真、任性、脆弱，害怕不被尊重，害怕受冷落，喜欢小辈们哄着。所以，媳妇要把婆婆当孩子，学会宽容和克制。就像对待一个淘气的孩子一样，一定要保持克制和冷静。血缘是种神奇的因果。有一天，当你的儿子长大，你也要做婆婆的，你今天怎么对待儿子的奶奶，将来儿子也会调教媳妇怎么对待你。

哪个女人不做妈妈，哪个女人不做儿媳，哪个女人不做婆婆或者丈母娘，如果每个走进婚姻的女人，都懂得换位思考，自然会多一些宽容，少一些猜忌，多一些会心一笑，少一些针锋相对。

二、为什么我们的家庭不和了

相离、相怨、相隔、相忘、相烦，为什么我们的家庭会出现这"五相"？

从历史发展来讲，经过三十年的计划生育，中国传统家庭的结构发生了巨大的改变，家庭成员之间的关系发生大逆转，传统家庭关系已经瓦解，新的家庭模式又没有很好地建立起来，我们没有重视独生子女家庭的现状，导致了今天的后遗症；从根源上讲，过去这三十余年，我们重视经济发展，忽略了家庭文化建设，越来越多的家庭以经济收入来衡量亲人的价值，家庭越来越像公司了，一家人为挣钱各奔东西，弄得夫妻分离，父母空巢，幼子留守，更谈不上什么家风门风。可以说，拯救家庭，让家庭回归和睦，让家人和和美美，已经成为中国人的最大责任和最大挑战。

在分析问题之前，我先讲一个故事。

从前，有一个小王子在他的花园里忽然发现绽放出一朵娇艳的玫瑰花。以前，花园里只有一些无名的小花，小王子从来没有见过这么美丽的花，他爱上这朵玫瑰，细心地呵护她。那一段日子，他以为，这是一朵人世间唯一的花，只有他的花园才有。

然而，等他有一次出游，发现原来外面的花园到处都有这样的玫瑰，他才知道，他有的只是一朵普通的花而已。一开始，小王子非常伤心，然后又开始有点喜欢上了别的玫瑰，但最后，小王子终于明白了，尽管世界上有无数朵玫瑰，但他花园里的那朵，仍然是独一无二的，因为那朵玫瑰花，他浇灌过，施过肥，松过土，除过虫……一句话，他培育了它，它也陪伴了他，它是他独一无二的玫瑰，他也是它独一无二的王子。

家庭也是这样，我们的父母也好，爱人也好，子女也好，他们可能不是最优秀、最强大、最体贴、最懂事的，甚至还有一大堆的缺点。但是，他们陪伴我们走过了人生的岁月、陪我们度过了生活的磨难，始终不离不弃，尽管外面的世界很精彩，尽管家里的生活很无奈，但亲人才是我们一生中最重要的人，家庭才是我们一生的归宿啊。

1. 中国家庭的五大裂变

"爸爸的哥哥叫什么，爸爸的哥哥叫伯伯；妈妈的兄弟叫什么，妈妈的兄弟叫舅舅……"前几年有一首认亲戚的儿歌十分流行，不仅小孩会唱，很多大人也会唱。这首歌在 20 世纪 70 年代之前出生的人听起来很亲切，20 世纪 80 年代后的独生子女一代就很陌生了。所以，有人说："哪还用给孩子教这些呀，亲戚都没有了，还怕会叫错?"过去，我们谈到家庭时，一般都是有兄弟姐妹，有叔伯舅姨的。而今天，这种七大姑八大姨的时代已经一去不复返了。

根据中国计生委发布的首份《中国家庭发展报告》显示，随着经济发展和社会转型，中国家庭正经历着深刻的裂变，呈现出五大变化：一是规模小型化；二是结构核心化；三是类型多样化；四是关系松散化；五是家庭功能逐步被弱化。

先来讲规模小型化和结构核心化。1982 年中国施行计划生育初期，平均每户中国家庭为 4.43 人，而到了 2010 年改革开放三十年后，中国每户人数已下降到了 3.15 人，整整被计划掉了 1 个人。目前的家庭约有

4.3 亿户，其中独生子女家庭占到了 7 成，中国的家庭结构被小型化和核心化。

这样的家庭结构，必然会导致新的家庭矛盾和冲突。

首先，夫妻离婚的多了。中国人最看重儿女，夫妻不和了，看在儿女的份上，双方都隐忍了。但现在一对夫妻只有一个孩子，甚至还有丁克夫妻，离婚的伤害减小了，不那么伤筋动骨了，动不动就离婚的自然就多了。

其次，孝道成为问题了。百善孝为先，中国是最讲孝的民族。"君君，臣臣，父父，子子"，在传统家庭里，一对父母，好几个孩子，权力的重心在父母，一言九鼎的"家长"是德高望重的长辈。而现在，从祖父、外祖父，到父母，到孩子，越到下一代越重要。结果，年纪最小的反而成了"家长"，变成了"爷爷是孙子，孙子是爷爷"，全家人都围着孩子转，好吃好穿的供他一人享用，两辈人辛苦攒下的钱供他一人享受。在这样的家庭中长大的孩子，要学会尊重长辈、孝养父母，是中国家庭面临的严峻挑战。

再次，谈谈家庭类型多样化。现代家庭形态五花八门，单亲家庭、丁克家庭、留守家庭、空巢家庭、失独家庭、混合家庭，还有什么未婚同居、已婚分居、独身不婚的家庭等等，让人眼花缭乱。

还有家庭关系松散化和功能弱化。中国人讲究天伦之乐，传统社会的基本结构都是以家族为核心，以血缘关系和亲属关系为基础，大家族里有小家庭，家庭关系十分紧密，所以，古代中国人犯罪，最重的惩罚就是株连九族。而到了当代，家族文化基本上已经瓦解，家庭关系也越来越松散和弱化。据计生委的一项调查显示，中国超过 70% 的已婚子女基本都是独立门户，很少有与父母同居，空巢老人成为普遍现象，还有长年见不到父母的留守儿童、夫妻两地分居等现象，家庭的结构变得松散了，家庭的功能被弱化了，"家"更不像个家了！

幸好，国家已经认识到问题的严重性，有条件地放开二胎的生育政策，有望缓解独生子女教育的问题，也可以放缓中国进入老龄化社会的脚步。

2. 我们的家越来越像公司了

先讲一个发生在国外的小故事：英国某小镇，有一个青年人，整日以沿街说唱为生。有一个广东女子，远离家人，也在这儿打工，他们总是在同一个小餐馆用餐，时间久了，两人就成了朋友。有一天，这位广东女子关切地对那个小伙子说："不要沿街卖唱了，去做一个正当的职业吧。我介绍你到中国去教书，在那儿，你完全可以拿到比你现在高得多的薪水。"

英国小伙子先是一愣，然后反问道："难道我现在从事的不是正当的职业吗？我喜欢这个职业，它给我也给其他人带来欢乐。有什么不好？我何必要远渡重洋，抛弃亲人，抛弃家园，去做我并不喜欢的工作？"

邻桌的英国人，无论老人孩子，也都为之愕然。他们不明白这个广东女子，仅仅为了多挣几张钞票，就抛弃父母、丈夫和孩子，远离家庭幸福，有什么值得羡慕的。在他们的眼中，家人团聚，平平安安，才是最大的幸福。它与财富的多少，地位的贵贱无关。于是，小镇上的人，开始可怜这位广东女子了。

再讲一个我身边朋友的小故事：他和妻子都是山东人，大学毕业后，他分配去了枣庄的政府机关，妻子去了济宁的银行系统，过了若干年，妻子调到了枣庄，他却一纸调令到了菏泽。若干年后，妻子又费尽周折，调到了菏泽，但不久，他又被提拔到了省城济南。妻子又托关系找熟人，好不容易调到了济南。可是不到一年，他又被调到重庆。

于是，所有的朋友，都跟他妻子开玩笑——你们俩呀，天生就是牛郎织女的命。要我们说呀，你也别追了，干脆辞职，跟着老公算了。但是，她自己不乐意，公婆、父母，也一致反对："干了这么多年，马上就退休了，再说，你的工作这么好，辞职多可惜。要丢掉多少钱呀！再干几年吧，也给孩子多挣一些。"其实，他们家的经济条件已经非常优越，但是妻子仍然惦念着退休工资，夫妻两个至今依然是牛郎织女。

说到这里，我想谈一下我们干部的调动制度。干部异地任职有利有弊，从政府管理的层面上，可以减少结党营私等违法行为。但是干部也是人，一个人身处异地，没有天伦之乐，天天都是工作，时间久了，免不了情感空虚，或者被钻营分子利用，以色行贿，最终不可自拔。我们在执行干部异地调动的时候，是不是可以从人性化的角度出发，比方说规定一定级别的干部调动，可以照顾配偶共同调动的制度，让干部在异地工作的同时，还能享受到家庭的温暖，这样干部可以更安心地工作，也减少婚外情的发生。

中国人最重家，从来都把家当作安身立命的根本，把家庭和睦当作人生成功的标志。但改革开放三十多年，我们的国家一门心思讲GDP，我们个个都变成经济人，我们可以把高官厚禄当作成功，可以把身家百万当作理想，可以抛妻弃子四海漂荡，但是，我们唯一不认可的成功——就是家庭的和睦。

在这样的价值观下，我们的家也越来越像公司了，家人之间越来越像做生意了。夫妻之间，谁收入高谁的嗓门就大；又老又穷的父母，在家里根本没地位；子女教育，家长说情讲理都不管用，要拿钱激励才有动力。

可是，钱真的能让家庭幸福吗？为什么经济越发达，腰包越鼓，离婚率却越高？中国离婚率从 2004 年开始井喷，在经济高速发展的这 15 年，平均每年以数十万对的数字在增长。为什么经济越发达的地区离婚率越高？根据民政部 2014 年发布的官方数据，在中国离婚率"十强"榜上，北京以 39% 的离婚率高居榜首，上海仅差一个点，以 38% 的离婚率紧随其后。此外，广州、深圳、厦门、大连、香港、台北、杭州、哈尔滨的离婚率均在三成左右。人为什么要组建家庭？除了感情的需求，更重要的是对安全感的需要。中国人有八成的婚姻都是建立在安全感基础上，婚姻安全的最高境界是彼此成了亲人。亲情比爱情可靠，这是很多人在围城折腾多年之后得到的人生箴言。爱一个人便将他变成亲人，有经济利益的牵制，日常生活的依靠，情感上的彼此依赖，最重要的是培养了"在一起"的强大惯性。因为亲人是不会离开你的，想起他就很亲切，但实际上也很少想起他。

但是，近几十年来，中国人对婚姻的安全感都建立在物质上，房子、车子、票子，是家庭安全感的来源和保障，唯有最重要的一样，我们却忘了，那就是——和睦，真正能制造家庭安全感的只有家人的和睦。

家庭和睦不能没有钱，但钱多不一定能保障家庭和睦，这好比一个男人没有老婆肯定不幸福，但老婆多了也不一定幸福一样。

三、"五相"情愿，培育五株"小苗"

人生就像一列车，你也可能会在车上遇到很多你以为有缘分的人，但当你下车后，一转身你能记住的只有回家的路。因此，朋友可以选择，家人则是我们的宿命。

无论家庭如何变化，相信每个人依然珍藏着对家的深情。有钱没钱回家过年，短短十余天的春运，无疑是全球最大规模的人类大流动，证明了中国人对家的无限深情。

我们每一个人都是家的儿女，家是我们人生的驿站，是我们避风的港湾，也是最能考验我们的圣坛。你对爱人都不忠诚，还能为世人所信任吗？你对托付终身的人都斤斤计较，还能厚待他人吗？你连父母都不孝敬，还能爱国吗？你连自己的血脉都不能抚育，还有什么资格谈社会责任？所以，中国古人讲"修身齐家治国平天下"，我们先做一个人心和善的人，就能拥有一个和睦幸福的家，然后才能成为一个对社会有用的人。

如何建设一个和睦家庭呢？这又回到了我们另一章讲到的问题，人心好比是一片空白的土地，我们种下了"人心和善"的五颗"种子"——底线、责任、诚信、教养、常识，这五颗"种子"发芽生长了，经过精心培育，成长为"家庭和睦"的五棵"小苗"，它们分别是相信、相重、相让、相敬和相爱。

1. 相信：信仰改变家族命运

我们要培育家庭和睦的第一株"小苗"，是相信。

这里所说的相信，不是互相的信任，而是相信信仰。这里所指的信仰，可以是宗教，也可以是理想、信念和抱负，是社会主义核心价值观，是"五和"文化。总之，是一种向善、向上和敬畏的正能量。

先来讲个真实的小故事：一位美国学者做了一项研究，比较两个家族，追踪他们近两百年以来的繁衍发展，一个家族是著名无神论的宗师马克·尤克斯，另一个是信仰基督教的爱德华兹家族。两百年后，信仰基督教的爱德华兹家族共有 1394 人，其中有 100 人是大学教授，14 人是大学校长，70 人是律师，30 人是法官，60 人是医生，60 人是作家，300 人是牧师、神学家，3 人是议员，1 人是副总统。而不信神的马克·尤克斯家族共有 903 人，其中有 310 人是流氓，130 人是坐牢 13 年以上，7 人是杀人犯，100 人是酒徒，60 人是小偷，190 人是妓女，20 人是商人，其中有 10 人是在监狱学会经商的。

为什么结果上有那么大的差别？因为爱德华兹家族获得了信仰的力量。信仰的背后，有两种力量，一是与人为善的力量，相信人活着的意义，不是为自己享乐，而是为他人服务，所以他们家出了那么多的医生、教授和大学校长。另一种力量，是敬畏的力量，这种家庭里出来的孩子，永远都会记得举头三尺有神明，所以，不会去做伤害别人的事。

为什么马克·尤克斯家族有那么多的流氓、小偷和妓女？就是因为这种家族的教育里面，缺少了向善、向上和敬畏之心。

再来讲讲我们身边的现象。曾经有家媒体在大学里做调查，问同学们"为什么要读书，为谁读书"，很多同学都说，为自己有个好前途啊。因为从小父母就是这么教育我们的——你要好好念书！你不好好念书，将来就不能出人头地，你必须努力奋斗好好读书，你才有前途，读书是为了你的幸福，读书是为了你的前途！读书一切是为了你！所以，小孩子长大以后就知道，啊，读书就是为了我呀，与任何不相干，为了我的前途，为了我的未来，为了我的希望。

这样的孩子，对父母谈不上感恩之心，对国家更谈不上责任义务，他喝着国家的奶水，用着国家纳税人的钱，拿民脂民膏培养出的却是一个自私自利的小孩。你觉得这样的父母不是很失败吗？你看这样国家还有希望吗？为什么贫寒家庭出身的贪官特别多，很多就是因为父母小时候的教

育出了问题，教育他要好好学习，出人头地，要改变自己的命运，从没有
教过他们要为家人、为社会、为国家而读书。结果，父母和国家辛苦几十
年，培养出一个自私自利、鱼肉百姓的大贪官，最终损害了社会，伤害了
家庭，也毁灭了自己。所以，我们从小就要教孩子，为自己读书，为家人
读书，为社会读书，为国家读书，从改变自己的命运开始，改变家人的命
运，改变国家的命运。

经济管今天，科技管明天，教育管后天，信仰管几辈子。每个人都
要有一个基本的信仰，如果你从小信仰了中国传统文化的"人心和善、家
庭和睦、社会和谐、世界和平、天人和合"，有"五和"的信仰作为基础，
你不管将来信仰什么样的党派、宗教，都不会偏离向善和向上的方向。因
此，一个和睦的家庭，父母必须培育好孩子信仰的小苗；一个成功的学
校，老师必须培育好学生信仰的小苗。如果我们把"五和"文化，列入大
中小学教育的重要内容，这样孩子长大以后，不会以自我为中心，不会做
伤天害理的事，会时时处处替家人着想，替社会他人奉献服务。

总之，一个人有了正确的信仰，家庭就会幸福；一个社会有信仰的人
占了多数，这个社会就会祥和安乐。

2. 相重：家风永远不过时

我们要培育家庭和睦的第二株"小苗"，是相重。

相重，重什么？家风。说到家风，很多人已经陌生了，第一反应就
是电视剧里那些封建大家族。其实，平民老百姓家也有家风。这些家风就
是我们平日的言行，从爷爷、奶奶、爸爸、妈妈那里，一代代传承下来的
道德观念和行为习惯。

中国文化是一个家国文化，家风则是中国文化中最重要的核心之一。

中国的家风文化，自古及今，源远流长，因为"人必有家，家必有训"。最著名的是曾国藩的家训，被称为"千古家训之首"。如今流传下来的《曾国藩家书》，连毛泽东与蒋介石都为之折服。

曾国藩的家风，可以用八个字简单总结：早、扫、考、宝、书、蔬、鱼、猪。这八个字，用现在的话说，就是要求子女黎明早起，洒扫庭除，祭祀祖宗，善待乡亲，发愤读书，下地种菜，参与养鱼和喂猪。曾国藩官居一品，但据说他回家省亲，必定要吃孩子们亲手栽种的蔬菜，在京为官必定要穿女儿、儿媳亲手做的鞋。这不是为了省钱，其中的用心良苦，我想，很多做了父母的人都能体会。

俗话说："富不过三代"，而曾氏家族却英才辈出，长盛不衰，出现了像曾纪泽、曾广均、曾约农、曾宝荪、曾宪植、曾昭抡等一批著名的外交家、诗人、教育家、科学家和高级干部。究其原因，不能不归功于曾国藩的家风家训。

观古可鉴今，读曾国藩的家训，反思我们当下的家风，对于我们做家长的，有着无限的遐想和深刻的启迪。

那么，在新的时代，传统的家风还有没有价值呢？

答案是肯定的。美好的东西，永远也不会过时。无论时代如何变化，夫妻恩爱、父慈子孝、兄弟谦让，永远是人类共同的心愿。

每个家庭都应该有基本的家风，到什么时候都不能丢。但是家风的传承，不是靠家长的嘴上功夫，而是身体力行。

当孩子问起：我们家的家风是什么呢？大人们可能会和颜悦色地说："要孝敬长辈"、"吃饭的时候不要发脾气"、"求上进多读书"、"要按时睡觉"、"不怕吃亏，不要动不动就发火"等等，但这些规定只不过是大人们对孩子的希望，而自己却从不遵守：一年到头，很少回家看望年迈的父母，甚至连一周一个电话都做不到；一家人吃饭的时候，夫妻经常为琐事顶嘴斗气；从来不看书，下了班就是看肥皂剧、打游戏、刷微信；借口工作、应酬、看电视、上网，从没有在晚上 12 点以前上床睡觉……这样言传但不身教的家规有用吗？这样只是教育孩子自己却不做的行为能成为家风吗？

当我们要求孩子的时候，应该扪心自问：我做到了吗？说出的话不仅是对孩子，也是对自己。曾子曰："吾日三省吾身。"对于现代人快节奏的生活，三省可能太多，睡觉前反省一下，自己今天在孩子面前做了什么？有没有做到自己所说的那些家规，这一省却是可以也必须做到的。

喊破嗓子，不如作出样子。我们不要老是抱怨孩子不听话，社会风气不好。当我们从自己开始做起，为孩子作出好的榜样，我们的家风自然也就好了。当每个家庭的家风都好了，我们的民风自然就好了，我们的社会风气自然就正了。

因此，家风是党风、政风、社风、民风的一个重要连接点。如果把全中国家家户户的家风都培育好了，就会在很大程度上推动我们的党风、政风、社风、民风的进一步好转。如果每一个家庭都有良好家风，每一个社会成员在家里都能成为一个好家长、好父亲、好母亲、好儿子、好女儿，那么，在社会上就能成为一个好公民，在企事业单位就能成为一个好员工，在领导岗位上就能成为一个好领导。衷心希望全社会都来探索，多找出类似家风建设这样的结合点，就能更好地将社会主义核心价值观融入国民生活、融入青少年的培养、融入年轻一代的成长中了。

3. 相让：夫妻之间讲爱讲缘不讲理

我们要培育的第三株"小苗"，是相让。

相爱就是相让，缘分就是珍惜，幸福就是包容。人在社会上要讲理，但在家里处处讲理，这个家庭就危险了。家不是算账的地方，也不是讲理的地方，家是讲爱的地方、讲缘的地方。讲理的地方是法庭，如果夫妻都要讲理，都要分出对错，搞个明白，那就准备分手吧。很多离婚的夫妻，不是他们不相爱，而是他们不会相让。相爱，就是要相让，让着你，不是因为怕，不是因为你对，而是因为我爱你，我包容你，你是我最亲的人。

我认为，白头偕老的幸福夫妻，一生都结过三次"婚"：第一次，在饭店里，在亲朋好友的祝福声中，和一个自己所爱的人结婚；第二次，在家里，经过几年的共同生活，和一个自己所爱的人及他（她）的习惯结婚；第三次，在家族里，和一个自己所爱的人及他（她）的亲戚朋友结婚。

在每一次的磨合中，都会产生无数的矛盾，牙齿跟舌头还有咬着的时候，何况两个不同性格、不同人生经历的人，天天吃在同一口锅里、睡在同一张床上。有矛盾不算啥，关键是要学会装傻，别去征服对方，别去为难对方，别去挑剔对方，别去指责对方，傻傻地一路相伴。傻，是因为已经认定了，就没有什么需要再了解、再知道、再改进、再完善的。有改变，接受；没有改变，也接受。

所以说，婚姻不是1+1=2，而是0.5+0.5=1，只有去掉各自一半的个性，去包容另一半的个性，才能一路相伴，白头偕老。

一对小夫妻成了家，小媳妇口味清淡，老公无辣不欢。

小媳妇常去父母家蹭饭吃。一天，父亲做的菜咸了些，母亲一声不响拿来水杯，夹了一筷子菜，将菜在清水里涮一下后再入口，她在一旁领悟到了什么。

第二天，小媳妇在家做了老公爱吃的菜。当然，每一个菜里都放辣椒。只是，她的面前多了一杯清水。老公看在眼里，暖在心里。

之后，轮到老公做饭的时候，菜里面已经找不到辣椒了。只是他的面前多了一碟辣酱。菜在辣酱里蘸一下。每一口，他都吃得心满意足。

他们一个坚守着一碟辣酱，一个坚守着一杯清水，用包容去坚守一份天长地久、细水长流的婚姻。

家是讲爱的地方、讲缘的地方。缘是什么？缘就是不能选择。世界这么多孩子，为什么偏偏你是我家的孩子？古今中外，无论多牛的人，都不能选择自己的生身父母，不能选择血缘。缘是什么？缘就是可遇不可求。世界这么多男女，为什么偏偏是我们两个走在一起？爱人都不是求来的，按佛教的说法，千年才修得同枕眠。缘是什么？缘就是纠缠不清。想想看，即使是已经离婚的夫妻，一辈子还是剪不断理还乱，谁也没办法一刀切得干干净净。

天雨虽宽，不润无根之草。佛门虽广，不度无缘之人。不是一家人，不进一家门。百年修得同船渡，千年才修得同枕眠。既然我们有缘成为一家人，那就好好珍惜一辈子。

4. 相敬：像对待朋友一样尊重孩子

我们要培育家庭和睦的第四株"小苗"，是相敬。

这里指的相敬，主要是讲父母与子女之间的尊重，像朋友一样与孩子平等相待。

中国人在对待儿女的问题上，最没有平常心。要么，把儿女作为自己最大的信仰，心甘情愿让孩子骑在自己头上。孝子，孝子，就是孝顺孩子。从孩子呱呱坠地，到上学、工作、结婚、生子，凡儿女的事，耗神沥血，凡儿女的要求，有求必应，一辈子俯首帖耳，为儿女做牛做马，真不知道谁是老爸谁是儿。要么，把儿女当成自己的奴仆，高高在上，主宰儿女的一切。读什么样的学校、培养什么样的爱好、找什么样的工作、找什么样的老婆、怎么培养孙子，样样都要管，孩子稍有意见，就要暴跳如雷。

在这种环境长大的孩子，就会出现两种截然相反的状态。一种是什么事都要跟父母商量，虽然大学毕业了，工作了，结婚了，但长大不成人，凡事没主见，生活没常识，那么多的"80后"、"90后"小夫妻，觉得是被父母逼着结婚，替父母生个孩子，让老人带着孙子，只管生不管养，造就了又一代新"留守儿童"。

另一种是什么事都不跟父母商量，天大的事，都不跟父母说，宁可跟八竿子打不着的网友说。父母问啥，只有三个答案：嗯嗯、好好、知道了。为什么会这样？

有个年轻人告诉我，小时候他什么事都爱跟父母说，结果说了以后不是挨骂就是被教育，反正爸妈永远都是正确的。慢慢学乖了，只说好事不说坏事，不过，即便是说好事，父母也要语重心长地提醒一番，让他看到好事背后的坏。时间一长，干脆就什么事都不说了。其实，犯错就跟吃饭一样，没有小孩不吃饭能长大，就像没有小孩能不犯错而成长一样。做父母的，恨不得纠正孩子所有的错，往往才是父母最大的错。

从父母的角度看孩子的世界，不难；难得的是学会蹲下来，保持和孩子一样的高度看世界——我们是一样的生命。孩子既不是你的信仰，也不是你的奴仆，他跟我们一样都是平等的人，我们要像对待朋友一样尊重孩子，尊重他们的感受，聆听他们的想法，陪着他们一起成长。

孩子一天天在长大，父母要学会一天天地放手，少一些指责，多一些尊重；少一些唠叨，多一些宽容；少一些干涉，多一些建议。就算孩子不听，也不恼，大家商量商量，和和气气。

同样，作为年轻人，你对于父母喜欢看春晚、新闻联播、国产电视剧，喜欢听养生讲座、跳广场舞，都非常不屑，觉得不正确也没有品位，即使你嘴上不说，眼神里也全是鄙薄，这一切落在爸妈眼里，他们是何心情？

孔子说孝敬父母什么最难，是"色难"，就是不给父母脸色看最难。如果你流露出不屑和不耐烦，无论你给父母买多大房子请多好的保姆都是不孝的，因为你的脸色会让父母很不安心。"色难"，难在何处？难在没有一颗恭敬的心，难在没有一个谦和的态度，难在总想拿自己的准则去指导父母的生活。我们常常在亲情的掩护下，爱心的旗帜下，忘记了无论父母还是子女，只要他们不因疾病丧失思维能力，成年的他们都有权决定自己的生活方式。

家，是躲避风浪的温暖港湾。可是，如果港湾里的船只，都是主奴关系，上下级关系，那就是充满火药味的军港。要想不让家庭变成军港，就得讲和合，讲包容，要像尊重朋友一样尊重他们的选择，压抑彼此的控制欲、改造欲。大到国家，小到个人，这都是永恒的道理。

5. 相爱：给家创造陪伴时间

我们要培育家庭和睦的第五株"小苗"，是相爱。

"妈，别等我吃饭了，单位要加班……""儿子，家长会爸爸去不了了，明天要出差……""老婆，你先睡吧，记得别反锁门，我有应酬……"这些话，你是不是都很熟悉？

近些年"失陪族"这个词特别火，之所以火，是因为每一个中国人都有深刻的体会：不论老人、小孩、家庭妇女，还是事业有成的中年男人，甚至家里的宠物，都是孤独的。

一项权威调查显示：七成以上的主妇因为长期缺少陪伴而缺乏幸福

感；一半的白领在结束忙碌的工作后，面对伴侣时表示不想说话；六成的老人觉得心灵孤独；七成以上的儿童认为缺少爸爸陪伴；八成人认同"努力工作，为家里提供更多经济贡献"，但能意识到"愿意多花时间陪伴家人是爱家的表现"的还不足两成。

人人都是失陪族，人人都很受伤。你的"家庭时间"有多少？网上曾有人绘制了大都市上班族一天时间的分布图：一天 24 个小时，用途分别为睡觉 8 小时，吃饭 2 小时，穿衣洗漱 1 小时，上班 10 小时，来回路上 1 小时，上网娱乐 1 小时，剩余的时间仅为 1 小时。陪家人的时间能有多少呢？在陪家人极少的时间里，还要包括我们玩手机的时间、看电视的时间、打电话的时间、玩电脑的时间。就算完完全全地陪在家人身边，其实我们又真正关心他们吗？

"我很忙"，这是现代中国人的口头禅，忙工作、忙事业、忙跟人吃饭、忙打麻将、忙钓鱼，因为大家都觉得保持忙碌让人有自尊，一个人忙碌着，就意味着他正参与到社会生活中，也更可能创造着社会财富。换言之，他不是一个一无是处的人，而是一个值得尊敬的人。这其实也是很多人"不忙装忙，无事瞎忙"的原因。

中国一个普通官员，可能比美国总统都还忙，美国总统还要休年假来陪伴家人，中国的官员从来没有年假，有些岗位连正常的作息时间都没有。可是，天天加班熬夜就是好干部吗？三过家门而不入就是好干部吗？带病坚持工作就是好干部吗？如果你当官当得后院起火、家人牢骚满腹，你还能安安心心当好官吗？如果你当官当得一身病痛，连自己都照顾不好，还能为民众出力吗？我建议，建立一个高级干部强制性休假制度，这不仅对干部的家庭有好处，对干部的身心健康也有好处。有些高级干部在岗的时候一天都不休假，想着等退下来"一起休息"，结果有些干部干了一辈子忙了一辈子，退下来以后，非常不习惯，心里憋得慌，甚至有些干部刚退下来一两年身体就出问题了。

中国一个普通的商人，可能比世界首富还忙，盖茨还要陪着夫人去非洲做慈善，中国的商人几乎一年要上 360 天班，从来没有节假日，天天早出晚归，孩子想见爸爸一面都很难。可是，你想过没有，你当初挣钱的目的是什么呢？不就是为了老婆孩子的幸福吗？而今，你为了挣钱，冷落了老婆，让她独守空房满腹怨言，没有时间陪孩子，错过了孩子的成长，你老了，孩子长大，对爸爸没有感情，只有模糊印象。钱，本来是让家庭幸福的工具，后来，却成了影响家庭幸福的障碍。

有这样一个故事，有天晚上，爸爸带着满身的疲惫下夜班回家，想休息一下，这时，他看见儿子正靠在门边等他。

"爸爸，我可以问你一个问题吗？你一个小时能挣多少钱？"儿子问。

"我一个小时挣 20 元。"父亲纳闷地回答。

儿子走进房间，拿出 20 元钱，"爸爸，我这里有 20 元钱了，可以向你买一个小时的时间吗？明天请早一点回家，我想和你一起吃饭……"

美国哈佛大学最受欢迎的人生导师塔尔·班夏哈因为开设《幸福课》而名噪全球，他曾谈道："最能有效预测孩子未来能否拥有幸福的关键是：童年时是否常常和父母一起用餐。家庭里的餐桌时间，往往就是分享的时间、也是最好的教育时间。综合素质最高的孩子，通常也是最常与全家一起吃饭的那些孩子。"

很多事业有成的人，经常会有这样一种感觉：不知什么时候，孩子突然就长那么大了；不知什么时候，父母忽然就老得走不动了；不知什么时候，爱人跟自己就一句话都没有了；然后回想过去那么多年的生活，突然就满是遗憾。尽管你忙于为家人创造更好的物质生活，但千万别忘了，默默守候在你身边的家人，比你想象中更需要你的陪伴。

未来很慢，现在很快，而过去依旧。爱家时间，也许只有几个小时，但当我们聚精会神与家人一起分享的时候，时间会变得很长。因为不是时间创造了爱，而是爱创造了时间。人生的幸福，在于和家人在一起；家人的幸福，在于和你在一起。让我们倡导，从现在做起，用"十全十爱"，创造家庭时间：

1. 周末尽量陪伴家人。

2. 每周给父母打电话，尽量陪父母吃顿饭。

3. 记住身边老人的生日。

4. 每周起码跟孩子吃三顿晚餐。

5. 不要忘记结婚纪念日。

6. 孩子生日，记得给妻子送一束花。

7. 自己的生日，陪母亲吃顿饭。

8. 每月参加一次亲子活动。

9. 家庭聚餐不玩手机。

10. 每周陪老婆去趟超市或菜市场。

第三章

社会和谐：
实现中国梦的重要保障

中国有句古话：三十年河东，三十年河西。三十年，可以改变一个人，更可以改变一个国家。

新中国成立之初的三十年，中国的政治制度翻天覆地；改革后的30年，中国的经济制度覆雨翻云。如今，我们迎来了第三个全新的三十年——改革进入深水区，经济进入平稳期，人口红利、生态红利都已见底，社会进入"新常态"，究竟该何去何从，是每一个有责任的中国人都在思考的问题。

为此，我将当下社会种种冲突和矛盾概括归纳为"五缺"，即信仰缺位、风气缺正、竞争缺公、贪官缺德、制度缺漏。

那么，为什么会出现这"五缺"呢？

从理论上讲，是我们的经济发展超速了，制度建设滞后了。

从历史上讲，是我们的经济发展超速了，文化建设滞后了。

尽管问题依然多多，但是，中国的进步举世公认，新中国成立六十余年，人民的生活越过越火红，国家的强盛全球瞩目。我们应该乐观，也完全有理由乐观，目前的社会问题，并不是三十年政治变革、三十年经济辉煌留给我们的前进阻力，而是促使我们迎难而上，挑战未来三十年考验的动力！

我坚信，三十年政治改革、三十年经济辉煌，而正在进行中的下一个三十年，必然会是文化兴盛的三十年、法治民主的三十年、和谐稳定的三十年。

关于未来三十年文化建设的方向，目前主要有两种声音：一是"民主、自由、博爱"的西方价值观；二是"儒、释、道"的传统中国人文观。

其实，依我看来，"民主、自由、法治、人权"这些西方价值观都并非西方国家的专利，我们中华文化也有另一种相同意义的表达，这就是——"和而不同"。

"和"是和谐，是统一，"同"是相同，是一致；"和"是抽象的、内在的，"同"是具体的、外在的。"和而不同"，就是追求内在的和谐统一，尊重个体的差异，它体现了华夏先民的辩证思想和政治智慧。国与国的"和而不同"，是"世界大和"；人与人的"和而不同"，就是社会和谐。

社会和谐，是实现中国梦的重要保障。社会和谐，就是要讲"五公"：公心、公开、公平、公正、公民，这是西方价值观与中国传统文化相结合的智慧结晶，是为治疗"社会病"开出的一剂智慧良方——以法治国，以德治心，以文育人，以善处世，以诚待人。

同时，社会和谐不是无根之木、无源之水。社会由家庭组成，家庭由人组成，这"五公"正是当初人心和善播下的五颗"种子"，萌芽培育，成长为家庭和睦的五株"小苗"，最后长成了撑起社会和谐的五棵"大树"。

和而不同，则欣欣向荣；以和为贵，则政通人和。

我相信，在未来的三十年，中国若以和为魂、德为骨、法为表，在实现中国梦的道路上，必将谱写出新的天籁华章。

一、中国社会的"五缺"

什么叫社会？一个人不叫社会。三人成众，十人成群，社会是一个集群体。

五行八作、三教九流，各种各样的群体要想和和气气地生活在一起，就需要有制度和管理，需要有道德和信仰。没有规矩，组不成社会；没有道德，也同样形不成社会。

我们为什么被称为人类？我们的社会为什么被称为人类社会？因为人的价值是至高无上的。

无论在怎样的社会中，以人为本都是最终目的。钱也好，权也好，都是为人类、为人类社会服务的工具。可是现在，我们把许多事情都搞反了，为人服务的工具反成了人们生存奋斗的目的，人反而变成了钱的奴隶、权的奴隶、工具的奴隶。然而，等人们围着钱转，围着权转，最后转出了问题时，又会把责任全推给社会。但社会又是由谁组成的呢？还不是我们自己。

不过，这些问题，都是可以治理、解决的。我们的国家就好比一棵大树，长了六十多年，难免会有些枯枝败叶、歪枝病节、虫蛀蚁啃，但只要根还在，扎根的土地还在，下决心把那些枯枝、病枝修剪掉，把害虫除掉，经心施肥浇水，这棵大树就一定会重新焕发出勃勃生机。

1. 信仰缺位：让一部分人先"信"起来

经济改革初期，有一个最响亮的口号："让一部分人先富起来"。我们知道，作为社会发展的动力选择，先"什么"起来，永远是一个最重大的战略选择。而且，选择先"富"起来，也确实把我们国家在过去三十年的核心价值观和盘托出，让先富起来的人，带动其他人致富，最终实现共同富裕。没有人会怀疑，改革之初，"先富起来"的集结号，曾经让所有人都欢欣鼓舞，它为中国的经济腾飞作出了不可磨灭的贡献。

三十余年之后，中华大地再次面临着时代的变革。这一次，又应该吹响让一部分人先"什么"起来的集结号，鼓舞中国人昂首阔步，续写文明古国在新时代的文化辉煌呢？

我给出的答案是："信仰"。

我认为，让一部分人先"信"起来，让先"信"起来的人，带动其他人"信"起来，最终实现共同"信仰"，应该成为下一个三十年发展的不二选择。

信仰缺位，已经是当代社会的大问题。一提起道德问题，外国人就指责中国人没有宗教信仰。的确，13.7亿人口，只有1亿多有着各种各样的信仰，剩下的大都是临时抱佛脚的实用主义。比如说没孩子，去找送子观音；病了，就进药王殿；缺钱，就拜财神爷；倒霉，就请道士看看风水；举棋不定，就找个算命先生占卜一卦……这一类临时抱佛脚的行为，不是"信仰"，倒是有点像请客、疏通、贿赂，以此求得鬼神大师的庇护保佑。

那么，中国人真的没有信仰吗？如果有，中国人的信仰又在哪里呢？首先，我必须强调，在中国，信仰不一定是宗教，它可以是某种道德、准则、理念。

信仰能够赐予人三种力量：明确的目标、坚定的信念、自我的约束。那么，信仰的核心是什么？是"敬畏"。敬畏什么？

"敬畏"，要分成两个短语——"尊敬什么"、"畏惧什么"。如果把敬畏比喻成一条大河两边的河堤，这边是"敬"，那边是"畏"，那么，只要河的堤坝足够高，不管河流怎么波涛汹涌，都不会泛滥成灾。比如说敬畏天地，一方面人要尊敬天地的宇宙规律，另一方面要畏惧触怒天地后，带来的天灾人祸；比如说敬畏因果，一方面要尊敬好人好事的小小善行，另一方面要畏惧坏人坏事遭到的大大的恶报；比如说敬畏道德，一方面要尊敬日常做人的道德标准，另一方面要畏惧道德沦丧会受到的致命伤害……

这样一来，人既有了尊敬的正面标准，也有了不尊敬会造成的反面典型，就会自觉地约束自己的言行。假如一个人活着没有任何敬畏，做人做事没有任何顾忌，为了达到目的，什么话都敢说，什么事都敢做，那么这个社会就危险了。

其实，中国人的信仰，自古就有，无处不在，它杂糅在传统文化里，在你奶奶给你讲的故事里，在你看的戏文里，在小学课本、唐诗宋词里。这些纠缠在一起，成了我们骨子里的信仰，比如说"民无信不立"、"举头三尺有神明"、"天地良心"、"人之初性本善"、"知足常乐"、"己所不欲，勿施于人"、"好人有好报"、"家和万事兴"……把中国传统信仰总结起来，我认为就是十六个字：厚德做人，和合做事，深信因果，善恶有报。这是中国传统信仰的根基。

但是，中国近现代以来，大半个世纪的战乱，三十年的政治革命、三十年的经济改革，"敬畏"的河堤崩塌了，或者变低了，欲望的河流奔腾泛滥，带来无数灾祸。食品危机、聚众滋事、小官巨贪……这些社会现象，追本溯源，都是不信这"十六字"的结果。

有人把信仰缺位，全部归罪于发展经济带来的后果。其实，这只是其中一个因素。信仰缺位的真正根源，是传统文化的缺失。这方面，学校教育负有一定的责任，与台湾的国学教育相比，内地的传统文化教育太薄弱了。为了应对高考，学校教育大力主抓科学教育、应用教育，而关于人之所以成为人的基本道德教育，中国人之所以是中国人，而不是欧洲人、美国人的传统文化教育，却被老师们忽略了。在这样的教育下长大的孩子，门门学科都是尖子，却不懂得做人的基本道德，出现了像复旦大学研究生，为一点小摩擦毒杀舍友的反人类高智商者；在这样的教育下长大的孩子，英语、日语、法语都说得很溜，却背不出《论语》一篇小文章的"传统文盲"，出现"端午节是为了纪念李白"这样让人哭笑不得的言论。

中国是一个拥有五千多年文明历史的国家，传统文化的力量润透在中国的每一个家庭中，润透在社会生活的每一个角落中。学校教育缺少传统文化，就等于学校教育与家庭教育脱节，与社会生活脱节。

如果教育不接地气，脱离了社会需要，脱离了家庭需要，脱离了百姓心理，自然会成为失败的教育。有一些当教师的朋友告诉我，高考结束后，最先被学生们扔掉的书往往是《思想政治》课本。为什么呢？因为他们觉得没用。我们没有资格去责怪孩子们。要怪，只能怪我们的教育方式不对。我们只是机械性地灌输给孩子们一堆出了校门就容易忘记的理论，却没有教会他们树立正确的信仰，养成良好的道德素养，培养高尚的情操和明辨是非的能力。

也许有人会说，社会现实中有很多问题与冲突，一下子把矛盾都推到虚无缥缈的信仰上面，这是不是在逃避？

当然不是。想一想，所有社会问题，最终都是人造成的，病根都在人的身上，在人的脑子里，只有从病根上对症下药，才能从根本上解决问题。所以，只有让一部分人先"信"起来，影响和带动其他人一起"信"起来，这个社会才会真正好起来。

我认为，树立正确的信仰，人心和善是根本。只要人心善了，家就和睦，千家万户都和睦，社会自然和谐安乐，每个国家都和谐安乐了，就不会发生战争，天下自然就太平了，天下都太平了，人与自然也就能和平共处。因此，从某种程度上讲，"五和"文化是正确信仰的目标方向，也是正确信仰的目的结果。有了这个基础的信仰，再信什么都不会错到哪里去，因为人的心里种下了善，就不会长恶。人的心里种下了和，就不会生恨。一旦人有了和善之心，自然人和万事顺，家和万事兴，国和万事成，地和万邦协，天和万物生。

2. 风气缺正：净化每个人心里的"污水"

近几年，有句话特别流行：坏人做坏事不可怕，可怕的是好人不得不做坏事。这话初听起来似乎有道理，为什么好人不得不做坏事呢？这都是社会风气惹的祸。

南京有个姓徐的贪官，无论是官职大小，还是受贿数额，都不算惊人，让他一举成"名"的是他在法庭上的语录，他口口声声说："我并不想贪，都是社会风气给害的。"似乎他的这种说法，还颇有些市场。

还有一件小事，我一直印象深刻。一次，我们几个企业家和几个官员陪同一位大领导坐电梯，电梯里人多又挤，出电梯的时候，电梯门口站着一位大腹便便的官员，他明明挡住了大半个出口，却不肯先出，而是左手压着自己的大肚子，右手作出请的姿势，点头哈腰地让站在最后面的领导先走。当时，大家都觉得特别别扭，但谁都没有吭声，因为"让领导先走"、"让领导先上"、"让领导先坐"、"让领导先吃先喝"……已经成为一种社会风气。

其实，扪心自问，我们大多数人都喜欢拿"社会风气"说事，遇到不合情理的坏事，从不敢出头，却口口声声拿"社会风气"当出气筒；自己做了什么违背良心的坏事，从不敢承认，又拿"社会风气"当挡箭牌。

就拿扶老人这事来说吧，13亿中国人扶不起一位跌倒的老人，这早已不是什么新闻。为什么扶不起，没有人会承认自己铁石心肠、见死不救，反而会说怕做好事被讹，好心反而遭殃，是社会缺少了"扬善抑恶"的风气。可是，谁家没有老人？谁不会变老？今天街头有老人跌倒了，你装着没看见，明天你父母跌倒在街头，可能就会因为无人扶救而伤亡。如果我们总是以社会风气作为挡箭牌和出气筒，那么，谁又来为社会风气负责？是全社会的责任，是每一个人的责任。

再谈谈中国人做什么都喜欢"抢"这个风气吧：抢座位、抢红灯、抢车道、抢板蓝根、抢盐、抢绿豆……这些蝇头小利，在脑子清醒的人看来，根本不值一提，但是因为担心周围的人抢了，自己就少了、吃亏了，所以头一热、眼一红，就连大学教授也跟着菜贩子一道哄抢！你抢我也抢，抢得斯文扫地，但谁也不会脸红。谁让人人都在抢呢？这样，就又可以堂而皇之地拿"社会风气"做遮羞布、挡箭牌了。

中国人多资源少，出于生存的本能，大家都想多占有一点，这个时候若出现争和抢，没有什么奇怪的。问题是即使面对人人都有份儿的东西，也有很多人会毫不犹豫地冲上去。这说明抢已经成为了一种"社会歪风"。

为什么绝大多数中国人容易受社会风气的影响？

中国人认为枪打出头鸟，所以喜欢"随大流"，特别喜欢从众、喜欢围观、喜欢跟着起哄、喜欢跟风、喜欢群体思考，因为这是一种自我保护的方式。于是，一旦遇到周围环境变化，大家便一哄而上，从来不加分辨，更不会思辨。而身处这种环境中的人，又恰恰特别在乎个人利益，生怕自己在某件事情上吃亏。蝇头小利是"小"，但再小也是利，也怕被周围的人多抢一点，自己就少得一点、吃亏一点，这实在是一种挤压出来的扭曲人格。

那么，社会风气与我们每一个人究竟是怎样的关系呢？

不妨来打个比方，哲学上有个"酒与污水定律"，如果我们把一勺酒倒进一桶污水里，得到的是一桶污水；把一勺污水倒进一桶酒里，得到的还是一桶污水。显然，污水和酒的比例并不能决定这桶东西的性质，真正起决定作用的就是那一勺污水，只要有它，再多的酒都会成为污水。我们可以把那一勺污水看成是人心里的恶念，把酒看成是社会风气，即使一个人的恶念只有"一勺污水"那么多，仍能污染全社会的风气，只有先净化掉我们每个人心里的恶念，才能让社会风清气正，恢复"酒的香醇"。

只要人有恶念，社会风气就会不正。坏人，光靠法律是抓不光的、杀不光的。人的心里总有那么"一小勺污水"，只有用道德、信仰、文化，才能净除。人心善了，社会风气自然就正了。

反过来，如果社会风气都是正的，那么歪风邪气就没有市场，如果绝大多数人都是善良的，坏人自然也会被感化。就好比一滴污水流进大海，大海依然是湛蓝的，因为广博的海水把它溶解了、净化了。

3.竞争缺公：将潜规则曝晒在阳光下

做人要有底线，家庭要有门风，社会的运行要有规则，在社会竞争中——规则的公平很重要。但躲在桌子底下的潜规则正在腐蚀着社会的公平性。

什么是潜规则呢？首先，它是潜藏的，是见不得光的，是不合乎道德标准的；其次，虽然它是潜藏的，是见不得光的，但它却是存在的，是被许多人都知晓并不得不认可的"行为规则"。

无论是商场还是官场，潜规则虽各有不同，但往往都是由这个圈子内最有权能、垄断着资源、支配着饭碗的人决定的，是所谓的"强者们"制订的游戏规则。因此，潜规则的盛行，"造福"的是有权有势的阶层，最受伤害的则是"弱势群体"，是咱中国最朴实的老百姓。

在社会资源极其有限的情况下，潜规则拿走了本该属于老百姓的福利：加大了我们的商业成本，使经营利润减少；加大了我们的生存成本，使百姓生活更加无助；还加大了我们的社会成本，使机制改革和道德建设更加艰难。更重要的是，潜规则正影响和改变着中国人的价值观和道德标准，影响和改变着我们下一代的人生观、价值观、世界观。我最害怕的事是，有一天，我们的下一代不再相信"阳光下的明规则"能战胜"阴影下的潜规则"——那将是我们整个社会的悲剧。

潜规则实质上就是利益规则，是产生腐败的温床，是制约中国改革的绊脚石。潜规则就像霉菌一样，只能滋生在权力的阴暗角落。而权力本身就具有腐蚀性，缺乏监督的权力必然导致腐败，要铲除潜规则，就必须把权力公开、规则公开，让权力涂上防腐剂，提高权力运行的透明度，让权力在阳光下运行，让明规则的阳光照耀每一个角落。

同时，消除潜规则，我们不能光等着政府来干，还得从自身做起。也许，你已经习惯了处处有潜规则的社会，但我相信，在你的内心深处，一定不愿意自己的子孙后代也生活在潜规则无处不在的环境里。这就是为什么，我们会看到一种奇特的现象——越是那些热衷于玩弄潜规则、拼命维系潜规则体系的官员和商人，越是想让自己的孩子远离潜规则，把子女送出国，送往那些没有潜规则的国度。

屎壳郎推粪球，但它同样向往阳光。如今，社会上臭气熏天，是因为有人推大粪。记住，你希望这个社会是什么样，这个社会就会是什么样的；你坚守明规则，社会秩序就不会被颠覆；你心中光明磊落，社会便不会黑暗。

4. 贪官缺德：且把"粪池"换"花坛"

关于贪腐，讲的人已经很多了。我在这里，主要讲几个问题。

第一个问题：贪腐，绝不仅仅是一个腐败分子弄走多少钱这么简单，而是关系到一个国家生死存亡的大问题。

古今中外，无数血泪教训证明，花钱买官的人，全都是贪生怕死的人。一旦发生战争，这样的军官能打仗吗？不能。这不是毁我长城吗？这难道是"贪腐"二字就可以简单概括的吗？

某些官员身居高位，他在卖官问题上作出了"表率"，他的下级不会效仿吗？当然会。而那些花钱买了官的人呢？他们会做赔本买卖吗？他们难道会靠领死工资把钱捞回来吗？当然不会。出了一只"大老虎"，就会带黑一大群"苍蝇"，这些"苍蝇"有时比"老虎"的胃口还大，比"大老虎"的影响还坏。所以，某些地方政府、国家机关、垄断行业会查出"塌方式贪腐"、"团伙式贪腐"，就都不足为怪了。

第二个问题：贪腐，也绝不仅仅只是牵涉到犯事官员这么简单。一只"大老虎"，带黑了一群"苍蝇"。而一群"苍蝇"呢，则弄脏了一个社会。底层的老百姓看不到"大老虎"的贪腐，只能看到、切身体会到基层的"苍蝇"贪腐，还有那些村官巨贪、小官大贪，他们的胃口比"老虎"还大，造成的影响比"大老虎"还坏。在这些"苍蝇"的影响下，老百姓中也出现时时处处都想占公家便宜、别人便宜的"贪民"就不足为怪了。想想看，如果官员手握公章，就可以轻轻松松日进斗金，谁不想砸锅卖铁花钱买官？如果年轻人靠拼爹，就能谋得一官半职，谁还有心思寒窗苦读？如果官员一边收钱，一边大谈清廉，底层社会出现坑蒙拐骗，这又有什么好奇怪的呢？

反过来说，官也不是天生下来就是官，官也是从老百姓中培育出来的，如果老百姓中养成了爱占便宜、爱收红包、爱找后门的坏习气，基础都坏了，还能指望从中培养出清官、好官吗？

所以，贪官跟贪民都有一个共同点，就是"贪心"。今天的民就是将来的官，官员都是百姓的儿女，个别刁民也可能就是将来的官，所以，治理贪腐，必须贪官和贪民一并惩罚，才能事半功倍。

第三个问题：贪腐，更深层次是中国传统文化中的某些糟粕造成的。

贪腐，一直是中国历朝历代的大问题。两晋、宋、明、清的衰亡，都与官员腐败密不可分。这其中，深层次的原因，与制度有关，也与我们民族的文化有关。中国文化很辉煌、很伟大，但同时也有些不好的东西，比如官本位文化，"万般皆下品，惟有读书高"，因为只有读书中举，才能入朝当官。比如说升官发财，比如说"三年清知府，十万雪花银"，再比如说"千里做官只为财"……甚至连"当官不为民作主，不如回家卖红薯"的青天大老爷们的思想，也是将自己的身份凌驾在老百姓的头顶上，成了替老百姓做主的"爹妈"。在这样的文化下，官员是人上人，是"主公"高高在上，百姓是人下人，是奴仆任由摆布，根本谈不上什么对官员权力的民主监督，而绝对的权力必然会导致绝对的腐败。

第四个问题：贪腐，也是历史遗留问题的产物。中国今日贪腐严重，还与"文化大革命"的历史影响有关。十年"文革"浩劫，把中国几千年优秀传统文化和优良伦理道德扫荡一空，导致了社会和民族的文化道德的大破坏、大断层。"文革"结束后，迫于当时严峻的国内外形势，党中央急切要解决十多亿人口的吃饭问题，根本来不及对传统文化和人心道德进行恢复重建，就开始投入到全面改革和经济建设中了。"文化大革命"遗留下的文化破坏、道德断层问题还没有解决，又遇上市场经济带来的拜金主义的负能量，官场和市场的"两场"严重不分，加速了人们的道德滑坡，私欲膨胀、享乐主义、消费主义盛行，导致官场政治生态出现种种乱象，一些官员们身陷金钱与权力的旋涡，在贪腐的路上越陷越深。

当前政府加大力度惩治腐败，越加大，越发现问题的严重性。作家二月河说："现在的反腐力度，读遍二十四史都找不到。"的确，现在的反腐力度是空前的，可现在的腐败程度也同样是空前的。1979年的时候，一个贪污50万元的王守信，已经是全国最大的贪污犯了，现在最大的贪污犯，恐怕贪几十亿元都打不住。贪到这个地步，与其说是受贿，不如说是在开着卡车抢钱。现在已经没有人敢说谁是最大的贪官了——最大的，永远是下一个。

第五个问题，如何将滋生贪腐的"粪池"，变成清正廉明的"花坛"？

在这里，我想提两点建议：

第一，现在中央反贪，提出了打"老虎"、拍"苍蝇"，这非常好。"苍蝇"靠寄生在"老虎"身上存活，同样"老虎"又靠成群结队的"苍蝇"来"喂养"，要打"老虎"，就先灭"苍蝇"。那么，我们该如何灭"苍蝇"呢？打一个形象的比方，我们的社会好比一个非常清洁美丽的小区，贪腐好比小区旁边一个大粪池，粪池滋生了苍蝇，苍蝇又养活了老虎。苍蝇每天飞到小区的住户家里去为老虎和自己觅食。为了防苍蝇，居民想了很多办法，安装防虫纱窗、用苍蝇拍、喷杀虫剂，但这些方法、手段可能管用一时，却没有办法从根本上把苍蝇消灭，甚至还遭到苍蝇的集体反扑。只要滋生苍蝇的那个粪池还在，苍蝇就永远消灭不完。要想真正消灭苍蝇，只有把粪池填平了，种上花花草草，变成花香四溢的花坛，蜜蜂、蝴蝶都来了，苍蝇自然也就绝迹了，没了苍蝇，老虎还能不被饿死吗？

防虫纱窗、苍蝇拍、杀虫剂，这些好比反贪的制度、手段，粪池好比人的贪欲，花池好比人的和善，只有把人的贪欲消除了，培育出和善的人心，才能从根本上治理贪腐。

所以说，反贪不仅是一个制度问题，更是一个人心问题。中纪委提出了让官员"不敢腐、不愿腐、不想腐"的反腐"三部曲"，就是要先治标，再治本。那么，这个"本"究竟是什么呢？

目前主要有两种声音。第一种认为，是制度。很多专家、学者都认为，腐败在中国之所以蔓延泛滥到今天这般严重的程度，核心问题是制度问题，应坚持制度为本。

具体地讲，分为"狭义"和"广义"两种。

从狭义上讲，就是用各种具体办法"把权力关进制度的笼子里"，不给权力留有任何寻租空间，使官员在机制层面上不能腐、不敢腐；从广义上讲，就是民主制度，有选票，有监督，不容易产生腐败，而这，则是体制层面上的。

另一种观点认为人心是根本，认为当下中国的腐败炽烈，就是私欲泛滥的结果。如果把腐败比作是一口大锅，市场经济比作是炉灶，那么，私欲就是炉灶里、大锅下面，那堆熊熊燃烧的柴火。在这种情况下，如果想要遏制腐败，却不去规范束缚人们的欲望，那就是典型的扬汤止沸，缘木求鱼。

应该说，制度论也好、心欲论也好，这两种说法各有各的道理。以制度为本，优势明显：一来可以按需制订，缺什么补什么；二来可以立竿见影，短期见效。但以制度为本的缺点也是显而易见的。如果有人要刻意钻制度的空子呢？世界上，没有完美的制度，没有哪一种制度是不能被"钻"开的！形象一点说，制度反腐，就像是老婆看管丈夫的外遇，制度灵不灵，关键不在于制度本身，而在于执行制度的人。如果人心出了问题，多么完善的制度都只是可怜的摆设。因此，以人心为本，才真正切中要害。当我们把贪欲的"粪池"填平了，种上花花草草，变成"善"香四溢的"花坛"，"苍蝇"自然就绝迹了，蝴蝶呀、蜜蜂呀，自然就都来了。

第二个建议，建立对干部监督的"秋后算账过安检"制度，杜绝"一把手"腐败。

要杜绝贪腐，除了提倡人心的教育，制度监督也必不可少。现在，中纪委正在完善官员财产公示的制度，就是最好的监督方法。一旦实行了财产公示，官员们就被戴上了"紧箍咒"，想要贪污受贿就没有那么容易了。

针对当下严重的"一把手"贪腐现象，可以从"一把手"抓起，不仅要在任前公示，还要实行"秋后算账过安检发通行证"制度。

先讲干部任后的"秋后算账"。每个"一把手"在上任前，必须把个人财产、夫妻财产和儿女财产向全社会公示，然后才能走马上任；等到任期结束后，必须将财产向全社会再次公示——这样才能接任下一个职务或者退休。"一把手"财产公示的全过程，必须由纪检部门逐一进行监督和核算。执行的时间用三到五年，有缓冲，有先后。先从省部级的"一把手"开始，再到省里各个行政部门，及省内国企的"一把手"。然后积累经验，再到县级的"一把手"，县里的各个行政部门及国企，最后才普及到乡镇一级。

再来讲干部退休"过安检发通行证"。为什么我们的干部屡屡出现"58
岁贪腐"的现象，主要还是因为对干部最后一站的监督制度不够严密。如
果我们实行"五年过安检"制度，即每个"一把手"在退休前两年开始进
入财产的审计、审查，直到退休后三年，这五年期间，你个人的问题要
查，别人有举报要查，其他贪腐问题牵涉到你也要查，五年之后，没有查
出问题才能算完全过关发通行证。中国人都在乎晚节，没有人愿意晚年在
监狱里度过，在别人的白眼、家人的谴责声中度过，如果我们的国家从村
支部书记一直到党的高级干部，在退休前都能实施"五年过安检"制度，
相信干部的腐败一定会降低很多。

我相信，用人心和善的教育和切实可行的监督制度，一定可以将"粪
池"改造成为"花坛"。到了那时，花香袭人，"苍蝇"消失，"老虎"绝迹，
"蜜蜂"和"蝴蝶"使花园充满生机，朗朗晴空，两袖清风，天地间必是
一片明澈。

5. 制度缺漏：还得从人身上找原因

现在，社会上有些人不管碰到什么问题，总要把原因归结到制度上。
生活中，我们经常会听到这样的声音：工作推进不顺时，有的人会声称，
"不是我们没努力，都怪制度不健全"；事业发展出现失误时，有的人会辩
解，"不是人的问题，根源在于制度有漏洞"；改革需要强力推进时，有的
人则振振有词，"先得建立完善的制度"。在这些人眼中，任何问题讨论到
最后，都可以归结为制度问题。

制度缺漏，可以分成"缺"和"漏"两个方面。

一是制度缺陷。这方面无需辩解，中国仅用了三十年的时间，却走
完了西方国家三百年的发展之路，这在人类发展史上前所未有，没有现成

经验可以借鉴，全凭摸着石头过河，制度建设跟不上社会发展是必然存在的，制度有缺陷在所难免。

二是制度"漏气"。好几届国家总理都责斥"政令出不了中南海"。我来打个比方，中央的制度就好比是一个大气球，出了中南海就开始漏气——先经过省里跑了一些气，再经过市里跑了一些气，再经过县里又跑了一些气——层层下放，层层跑气，等到了乡里、村里，气球瘪了，气基本已经跑完了，制度也就没办法再执行了。

那么，中央的制度为什么总是"跑气"呢？

首先，是气球的嘴有问题，也就是制度本身有问题，不接地气，缺少可操作性；其次是绑气球嘴的绳子有问题，也就是监督制度有漏洞，绳子绑得不够紧；再次是气球的质量有问题，也就是体制内部有问题，这有个窟窿那有个眼儿，表面上看不出来，却使气球不断地跑气；最后是传递气球的过程出了问题，也就是执行政策的人有问题，即所谓的：村长骗乡长，乡长骗县长，一直骗到国务院；国务院下的文件，一层一层往下念，念完文件进饭店，文件根本不兑现。

制度，顾名思义，制是边界，度是空间，就好比是一个框，是用来给人的行为提供一个规范的，退一步讲，就算人们主观上真想不折不扣地遵守制度，也会发现制度事实上是有"边"的，制度不可能没有"空子"。

讲到这里，话又说回来，制度是谁制定的？是人。人制定的制度，为什么人执行不好，还是人心出了问题。制度有缺陷，说明制定制度的人考虑得不周全；制度有漏气，说明执行制度的人有问题。说来说去，总之制度的问题，最终还是人自身出了问题。

另外，中国是一个缺少强制执行力的国家，更缺少对"执行力不够"的问责制度。大到国家，小到城市管理、企业管理，都存在执行力不够的问题。

谈到执行力的问题，我讲一个发生在第二次世界大战初期的一个小故事。当时，美国空军降落伞合格率是99.9%。也就是说，每跳伞1000人次，就有一个倒霉蛋会被摔死。这对军队的士气影响非常大，谁也不愿意做那"第1000个跳伞者"。所以，军方要求制造降落伞的厂方必须使合格率达到100%。但这1/1000合格率竟成了死结，厂方想了很多办法都无法解决。

后来，一名将军改变了检测降落伞质量的制度，他从降落伞中随机挑出几个，再从厂家中随机抽出几人，然后把他们拉到了高空，让他们从飞机上跳了下去。这名将军的检测方式只用了一次，就出现了奇迹，不合格率立即降到了零。

当前，我们社会存在的许多问题，比如说贪污浪费，毛泽东早就说过贪污浪费是极大的犯罪，而且说的很具体，很到位，可为什么到现在这种现象越来越严重了呢？执行力不够，强制执行力更不够。任务安排下去，做不到就要说明为什么没做到，理由原因是什么。根据情况必须要有严厉的奖惩制度。"四个全面"要想实现，就要解决"强制执行力"的问题和执行力不够的问责制度，制度定出来，目标定出来，绝不能虎头蛇尾，发现不执行制度的人和事，绝不能走个关系、说个人情草草了事。

制度是"框"，不是"筐"。我们别把什么烂摊子都一股脑儿地装进"筐"里，把该负的责任推得一干二净，而要把制度当成一个"框"，只要你脚踩中国的大地，就得在这个"框"里生活。因此，每一个中国人都应有责任有担当，齐心协力去修正这个"框"，这样我们才能在"框"里更好地生活。

二、社会出问题，根源在哪儿

信仰缺位，风气缺正，竞争缺公，贪官缺德，制度缺漏。为什么会出现"五缺"？从理论上讲，是经济发展超速了，制度建设滞后了；从历史上讲，是经济发展超速了，文化建设滞后了。

1. 发展不都是硬道理

新中国成立六十余年，前三十年，我们经历了政治上的大破大立，后三十年，我们经历了经济上的大破大立。尤其是后三十年，打破了计划经济的禁锢，大力发展市场经济，穷惯了的中国人，一下子遇上吃饱饭的机会、挣大钱的机会，自然是蜂拥而上，只讲目的，不论手段。

细数一下，这三十年我们提倡过的价值观，从"五讲、四美、三热爱"开始，真正能让人信奉和记住的有多少？

而在前三十年里，全社会有为数不少的人信奉的价值观只有一个——有钱就是"大爷"。

国家鼓励的是敢冲、敢想、敢变通，为了GDP，不择一切手段。发展才是硬道理，"胡作非为"都有理！在这样的主流价值观下，很多优秀的东西都被丢掉了，如道德、操守、文化、诚信，所有的人都变成了经济动物，私欲无限膨胀，一切都是钱为大。过去的三十年中，无数的投机者一步步践踏着道德良知、法律条文、生态环境，成了高官或富翁。

一个官员，不管他水平高不高，也不管他个人的操守如何，只要他能抓经济就行。从省到市到县都是公司化的运作，书记就是老板，市长就是总经理，一开会谈的就是经济，很多地方都是全员招商。在这些官员们眼里，一条河，只是运输通道和发电能源；一片森林，只是产出木材的宝地；一条山脉，有矿藏才是价值所在；一小块空地，见缝插针地盖楼才是正理。

长江、黄河、海河、淮河、辽河、汾河……太湖、鄱阳湖、洞庭湖……我们还有干净的湖泊和河流吗？山西、陕西、内蒙古……无序开采、野蛮开采、掠夺式开采，我们还有一处未破坏的矿山吗？强征、强拆，平地、建楼，为了建一座座像鄂尔多斯那样的空城，我们还要毁掉多少宝贵的耕地和牧场？

尽管最近几年，中央发现了问题的严重性，提出了转变经济发展方式，建立友好型社会。但是，在片面追求经济指标的情况下，上述情况至今仍得不到改善。毫无疑问，都是一个"利"字在作怪，一个"利"字在作祟。"利"字身旁一把刀——不消除局部利益、地方利益、个人利益等这些暂时利益，盲目追求 GDP 的情况就很难改变，很难着眼于国家和人民的长远利益。

并不是所有的发展都是硬道理。比如掠人钱财可以迅速致富，但却毫无道理。现在我们的很多发展无疑与掠人钱财差不多。新华社就曾经报道过这样一起事件，山西省一家煤焦集团为了企业发展，乱挖煤矿导致当地农村的土地塌陷房屋裂痕，生态受到严重破坏，而当地政府为了财政收入，对此也不管不问。当地的村民哭着对记者说："外面的人很难想象，咱们村的人如今每天有路不能走、有地不敢种、有家也不能回。这里土地塌陷太严重，房屋裂痕严重，都是危房，每天过着心惊胆战的生活，连根本的生活保障都没有。而村里和政府都没给咱们处理什么本质问题。"像这样的发展，岂止是掠人钱财，简直就是伤生害命。像这样为了企业的发展、地方经济的发展乱开滥采、乱排污水、乱排毒气的事情，不但吃掉了子孙饭，而且断掉了当代人的饭碗。水不能喝，庄稼不能长，空气不能闻，还有很多人染病死亡。如此的发展，不要说硬道理，连软道理都没有！这是明火执仗抢掠人们的生命和饭碗，并打破子孙后代的饭碗。

是该清醒的时候了。的确，发展是硬道理，但并非所有的发展都是硬道理。那些破坏道德、破坏良知、破坏诚信，破坏资源、破坏生态、破坏人的生活和生存的发展的行为，不但不是硬道理，而且一点道理都没有。

改革开放，社会经济发展了，人民生活水平提高了，这是事实。但我们同样要看到另一个事实，我们为此付出了巨大的生态成本、道德成本、文化成本，成绩与成本两者相比，我们的成本显然是大了些。没有道德文化的富人，没有道德文化的富裕社会，不是中国人想要的。

2. 传统文化才是和谐社会之根

那么，在未来的三十年我们应该重建什么样的主流价值观呢？

我们中国人有个习惯：小孩子出了问题自己解决不了时，会去问爸爸妈妈。那么，社会出了问题不好解决时怎么办？是去外面东问一声，西问一下，还是问问老祖宗呢？

一个国家，一个民族，与亡国同样可怕的是，把自己国家和民族传统的文化亡掉了，那就如同人没有了灵魂，会万劫不复，永远不得翻身。我们这个有着伟大"文统"和"道统"的国度，这个向世界贡献了孔子、孟子、老子、庄子、李白、杜甫、王阳明等无数杰出人士的国度和民族，经过对传统文化的否定和抛弃，眼下出现了文化断层和精神缺钙，像是一群文化的孤儿，东讨一口，西乞一勺，吃得再多也没有自己家做的饭香。一方水土养一方人，西方的文明再好，也解决不了中国的社会问题。我们不能总是功利地问："传统文化到底能带来什么"，而是应该反思"丢了传统文化，我们还剩下什么"。

通过这些年对传统文化的潜心研究，我发现传统文化遵循着这样一种逻辑结构：从宇宙天地，到自然规律，到人类活动，再从人类活动到自然规律，到宇宙天地的作用转化。古圣先贤们以遵循自然规律、人和自然和谐相处的关系为基础，确立了文化的基本方向，形成了一系列相对统一的宇宙观、世界观、社会观、价值观和人生观。正是这种把人当作自然万物之一，从自然规律出发，从人心、家庭出发的教育，发挥了摄心治世的真实效果，从而维持了中华民族五千年的社会稳定和发展。

而我们当代文化教育的特点，遵循的却是从人类生活到社会政治，从社会政治到经济目标，再从经济目标到社会政治，最后到人类生活的逻辑结构。其中所缺失的，正是古圣先贤所重视的——人与自然规律的基本关系，人与人的自然关系，人性教育的基本内容。这是一个关于世界观和发展观的重大问题，人是大自然的一部分，不是人去征服自然、创造自然，而是人去顺应自然、发展自然。人尊重自然，自然就会保护人。发展自然、发展经济、发展社会、发展自治，反过来都是为了保护自然，保护了自然，就是保护我们人类。但是我们现在，没有从自然规律出发，而是把人当成经济动物、政治动物，试图去征服自然、战胜自然，这就是我们当代的文化育人总是事倍功半的根源。为什么当代部分中国人对天地没有敬畏心，对国家没有尊重，对上级可以蔑视，对父母可以不孝？最重要的原因就是摆不正自己在天地自然规律间的位置，心无所知，自然无惧。所以，这些人"天不怕、地不怕，只怕手里没钱花"，钱和权本来是为人服务的工具，现在人却反过来成了钱和权的奴隶，当这些人占到了总数的一半时，社会出现问题当然就不奇怪了。

中国传统文化主要包括儒、释、道三家，儒家关注的是人与人的关系，认为齐家、治国、平天下的基础是修身，也就是说家庭的和睦、社会的安定、国家的长治久安，基础在整个社会成员的道德素质。因此在人际关系方面提出了上下和合、尊卑和合，在社会、国家的关系方面提出了和而不同、万邦协和。道家关注的是人与天、人与地、人与万物的关系，提出了"人法地，地法天，天法道，道法自然"的天人和合。佛家直指人心，关注的是人的心灵，提出了诸恶莫作、众善奉行的人心和合。

以佛为心，以道为骨，以儒为表，这三种文化在中国生根发芽、枝繁叶茂，发展到今天，还可以延伸为以和为心，以德为骨，以法为表，这契合了中国人对"和"的向往。人心和合，则百姓向善；上下和合，则社会和谐；社会和谐，则没有战争。没有战争，才能天人和合；天人和合，才会风调雨顺；风调雨顺，则五谷丰登；五谷丰登，定会人心和合。

三、做到"五公"，育好五棵"大树"

六十多年前，经历了近百年的战乱，中华大地千疮百孔、田荒地废，国家面临崩溃，中国站在了历史的转折点上。经过了三十余年的拼搏奋斗，一个崭新的中国在废墟中重生。三十多年前，经历了"大跃进"、"文革"后的中国，经济面临崩溃，人民忍饥受寒，中国又一次站在历史的转折点上。经过三十余年的拼搏奋斗，目前的中国有养活 13.7 亿人的底气，有夸耀于世的 GDP，有上天潜海的高科技，有买遍世界的游客……可是，对于构建和谐社会，光这些是远远不够的。三十余年后，中国道德面临崩盘，中国再一次站在了社会伦理的转折点上。每一位有责任心的中国人，都在追问，建设和谐中国，我们需要做些什么？

一个和谐社会是：人人有公心、事事有公开、竞争有公平、法律有公正、政府有公信、公民有素质。构建一个这样的和谐中国，是一代代中国人前仆后继的光荣与梦想。

和谐社会谁来建呢？你希望有钱人来建吗？你希望有权的人来建吗？你希望知识分子来建吗？都是，但还不够。和谐社会需要全社会来共建，需要你我他来共同出力。

和谐社会不会从天而降，在它没有到来之前，每个人最要紧的，还是先救起自己。船若要沉，先救起自己。只要人是完好的，还可以造新的船。人如何完好呢？我想，首先还是要坚持做一个人心和善的人，坚持自己的价值观。当这样的人多了，社会自然会向好的方向迈进。这么一说，自然就又会回到我开篇讲的话题上来。

人心好比是一片空白的土地，我们种下了人心和善的五颗"种子"，它们分别是：底线、责任、诚信、教养、常识。这五颗种子发芽生长了，经过精心培育，成长为"家庭和睦"的五株"小苗"，分别是相信、相重、相让、相敬和相爱。"小苗"苗壮成长，成长为社会和谐的五棵"大树"，分别是公心、公开、公平、公正和公民。

1. 公心：重建全民道德体系

我们要培育社会和谐的第一棵"大树"，是公心。

都说这是一个公心沦丧、私欲膨胀的时代。其实，中国人并不缺少公心，只不过中国人的公心主要体现在小圈子里，打个形象的比喻："中国人的公心只在五米之内。"

为什么这么说呢？最小的圈子是家庭，中国人对家庭的公心最强，付出最多，私心最小，最富牺牲精神。出了家庭的圈子，就是朋友圈、同事圈，公心相对于家庭有所下降，但依然比较强烈。圈子里的人互相帮助，互通有无，甚至为了圈内人的利益不惜伤害公众和社会利益。但出了圈子，面对一圈一圈扩大的陌生群体，公心就层层递减，甚至于对别人的公心感到反感，把有可能损害小群体利益的正义行动，说成是"胳膊肘往外拐"，是不知远近、不识好歹；认为大家的、公共的事务和外人的事情，与自己的利益关系不大，更倾向于将其视为闲事。管闲事是吃饱了撑的，是狗咬耗子多管闲事。应该事不关己，高高挂起；学会明哲保身，最好不要自寻麻烦，否则就是自己给自己找别扭。

因此，"公心只在五米之内"的中国人，对食品安全的容忍度最高，经常见怪不怪，对没有直接管着自己的贪官，更多的是羡慕嫉妒；对选举监督这些公共事务，听任摆弄；对污染环境的行为，听之任之；对陌生人的危难，态度冷漠，自然更谈不上对其他国家和地球万物的关心了。

谈到私心，绝大多数人都会把责任推给这三十年的市场经济，认为毛泽东时代的集体经济人人都没有私心。这个观点我并不赞同。我是经历过集体经济时代的，刚解放那些年，中国人企图消灭私心、私欲、私产，但是，这条路根本行不通，人的私产可以用阶级斗争来消灭，人的私心却无法消灭。农民们在集体土地里出工不出力，工人在车间里磨洋工，国家经济严重滞留，不搞市场经济不行了。市场经济，是自谋生路的经济，跟大公无私的精神确实存在冲突。一方面说走向市场，追求利益最大化；另一方面又说大公无私，公而忘私，这就有矛盾了。所以改革开放之后，大公无私的教育不灵了。但其实，改革开放之前，这种宣传的效用已经逐步递减。老百姓不是圣人，要求人人都做到大公无私，结果只能是每个人都说大话，说一套做一套，台面上一套，桌子底下一套。

人是一种高级动物，不是不食五谷杂粮的神仙，如果不存私心，恐怕自身的生存都是个问题。在自然界里，生物弱肉强食，适者生存，私心使它们得以生存。人也是一种动物，所以，适度的私心是个体生存的必要条件。

然而，只存私心而不讲公心可以么？这也是不行的。拿野狗群来打比方，每次猎食，成年野狗都会把自己吃到的肉食吐出一部分喂养年幼的狗崽，以此维持整个群体的繁衍生息。同样，作为人类，我们呱呱坠地时一丝不挂，完全依赖他人的给养和帮助，才能一天天长大。所以，等我们成人之后，也要对他人有所付出，有所奉献，这样人类才能一代代繁衍下去。

那么公心从何而来呢？公心不是从天上掉下来的，而是从私心中发育出来的。

历史上有一个著名的小故事就说明了这个道理。春秋时期，齐相管仲病重，与桓公小白讨论接班人的问题。桓公推荐竖刀、易牙、开方三人。竖刀为亲近小白，把自己变成太监；易牙把亲儿子烹了送给小白吃；开方在父母去世的时候仍守在小白身边，不回去尽孝。小白说，都这样了，还不能说明他们的忠心吗？管仲说了一段流传百世的金句：一个人连自己的身体也不爱惜，他会真的爱大王您吗？一个人连自己的孩子也不爱，会真的爱大王您吗？一个人连自己的父母也不爱，会真的爱大王您吗？管仲去世后，小白经不住三人的马屁，亲近重用了他们。果然，小白病重，五公子争立，三人率先发难，成为祸国的罪魁，最后小白落得死后遍身蛆虫六十多天，无人埋葬的悲惨下场。

孟子说："老吾老以及人之老，幼吾幼以及人之幼。"人爱自己，便理解了他人对其自身的爱，爱自己的父母、子女，便理解了他人对其父母、子女的爱。可见，我们因为私心而理解和接受了别人的私心。所谓的公心，恰恰是从私心而来的，是推己及人的私心，而自私，正是止于自己的私心。

因此，一个没有私心的人，是对自己不负责的人，也无从谈起对别人有实实在在的责任心。不能敬重自己生命的人，其奉献的自然也是廉价的。只有从内心感受到对自己的爱，并通过推己及人形成对他人的同样情感，才是真实的他爱，是与你生命天然相连难以分离的一部分。

但是，一个只讲私心的人，也是对自己不负责的人。社会就好比一艘大船，无论富人穷人、官员百姓，大家都在同一艘船上，谁都想过得舒服一点，谁都巴不得多吃多占，谁都不去考虑船的安全。当每个人的私心和欲望膨胀到一定程度，必然会使得船上的空间越来越小，供给越来越少，动力越来越弱，最后，船不堪重负，沉了，所有的人，不管你占多占少，谁也不能活。大家都在一艘船上，要想船不沉，不论富人穷人，官员百姓，不能全是私心，都得有点儿公心。

讲公心，并不是让人不要私心，而是要讲合情、合理、合法的私心。如何能把握好公心与私心的尺度，的确不是一件容易办到的事情。尤其是我们的官员，面对唾手可得的公共利益时，如何不让私心泛滥，确实是个大问题。我想，最起码我们应该坚持这样一条原则，那就是以公心处公事，以私心处私事。我来打个比方，有一个小区，大家都必须通过同一条马路回到自己家的小院，小区的人都爱干净，每天都会把自家的小院打扫得干干净净，但是却没有人管小区外面那条大马路的卫生，大马路上到处堆着垃圾，晴天尘土飞扬，雨天满地泥泞，人们每天进进出出都必须经过大马路，每回都要把马路上的尘土带到自家的小院，小院怎么打扫也不干净。更可怕的是，就算不出门，马路上的尘土垃圾，也会随着风飘进各家院子。大马路就好比"公心"，自家小院就好比"私心"，"公心"脏了，"私心"能干净吗？而且，我们必须经过这条唯一的马路才能回到自家的小院，如果我们长时间不去养护这条马路，最终这条马路不能走了，我们还能回到自己的家吗？为了我们自家小院的干净，为了我们能顺顺利利回家，我们一定要用"公心"来好好养护和清洁这条马路。

私心和公心之间，看似对立，却存在着相互作用、相互促进的关系。凡是公心发达的社会，个人和社会财富都很丰饶，社会道德风尚良好。反之，私心泛滥的社会，不仅公共利益受到损害，而且个人利益也很难实现，民怨沸腾，虚伪盛行，道德环境恶劣，社会秩序混乱。

未来三十年，是文化兴盛的时代，要想文化兴盛，首先要重建全民道德，而全民道德的建设，应该先从控制私心，倡导公心入手。如果人人都没有公心，只为自己经营，社会发展恐怕就无从谈起。因此，我们不能要求人人都大公无私，但人人都应该有点公心。无论是资本主义还是社会主义，集体经济还是市场经济，民主还是专政，只要私欲膨胀占了上风，国家经济就会走向衰退，社会秩序就会走向混乱，社会道德就会走向崩溃，这是经过实践检验的真理。

2. 公开：人人都有知情权

我们要培育社会和谐的第二棵"大树"，是公开。

中国特色的潜规则，为什么无处不在、屡禁不止？原因就是社会的公开制度不够。潜规则如同霉菌，只能滋生在阴影之下。要想根治潜规则，必须要建设一个公开透明的阳光社会。

权力不公开，危害会有多大？让我们来看看"亿元司长"的例子。

国家能源局煤炭司区区一个副司长，短短几年间，敛财光现金就 2 亿多元，如此的受贿速度与烈度，在党的十八大以来肃反的贪官中并不少见，为什么？审批权不公开。就拿魏鹏远来说，在煤价疯狂上涨、采掘成本低廉的"丛林时期"，采矿权无疑就是一串串金钥匙。在商人一方，只要能够拿到"路条"，自然会不择手段去支付贿金；而在官员一方，因为审批权高度集中且不透明，往往掌握在几个人甚至某一个人手中，出现严重贪腐也就一点儿也不奇怪了。

即便内部有相应的受理程序与监管制度也没有办法，因为一方面，"内部人"往往可以轻松绕过这些程序与制度，与商人狼狈为奸；另一方面，官员集体性的贪腐也使得收钱办事蔚然成风，大家心照不宣，又怎么可能遏制腐败的蔓延呢？目前某些地方、行业出现的塌方式腐败就是最好的例证。

事实上，这些年来国家一直在致力于简政放权，特别是新一届政府取消和下放审批权动作很大，效果也非常显著。只是，仅仅取消和下放审批权，还远远不够。只要存在不受约束的权力，就必然会产生腐败。一个魏鹏远倒下了，很可能还会出现更多的魏鹏远。这绝不是危言耸听，而是坚硬冰冷的现实。因此，若想从根本上杜绝"2亿元司长"，关键仍在于权力运行的公开透明。

可是，谈公开易，行公开难。就拿政务公开来说，政府主动公开信息，对政府建立公信力有好处，对官员也是一种保护。早在1997年召开的十五大就明确提出了政务公开，但这么多年来，情况并不乐观。

政务不公开，危害有多大？中国的老百姓，最怕跟政府打交道，过去是"门难进、脸难看、话难听、事难办"，现在是"门好进、脸好看，就是事不办"。过去是"吃拿卡要，乱作为"，现在是"不吃不喝，不作为"。当个全国"劳模"，需要有关部门盖二十多个公章；出国旅游，要向相关部门证明"你妈是你妈"；领取亡父的存款，要向相关部门证明"我爸没有私生子"……这些让外国人听起来很魔幻的事，却是中国人的生活现实。表面看，这是工作人员的衙门作风，实际上是由于缺乏权力公开，内部管理不科学所致。

长期以来，各职能部门在权力配置上权责失衡、交叉重叠与分兵把守、间隙空虚并存，导致了多头管理、政出多门、"九龙治水"、重复执法，有了功劳大家抢，有了麻烦相互"踢皮球"。老百姓去办事，永远都找不到"有关部门"。而且，我还发现一个现象，不少城市的新政府大楼都建在离市中心很远的地方，大门口都有哨兵严密把守，一个普通老百姓想去办点事，首先是交通很不方便，坐公交车半天都到不了；好不容易到了，在大门口就被哨兵盘问很长时间；好不容易进去了，政府大院里高楼林立，"有关部门"找都不好找；好不容易找到了，负责办事的人不是快下班了，让你改天再来，就是已经出门公办去了，让你扑个空。这样一来，时间久了，人民就越来越不了解人民的政府了，政府也越来越难联系群众了。

政务公开不贯彻，我认为存在四个方面的问题：一是缺乏外力的推动，地方的政府对政务公开的认识不够，把信息公开当作权力而不是责任，想公开就公开，不想公开就不公开；二是官场有很多潜规则，有些是涉及官员私利，不能公开的，但也有些潜规则并不是为了牟私利，而是出于无奈，受社会环境影响，为了更好地开展工作，只得做那些对老百姓难以启齿的事；三是没有公开的文化氛围和习惯，拿到一份政府文件，通常是看过就过了，没有想到公开或发动群众会对工作更有益处；四是只公开，不问责，公开如同走形式，这是政务公开的最大问题。对于不公开、不按规定要求充分公开，甚至公开中反映的违规、违法情况，有关部门大多不会受到追究问责。若不受到任何追究问责，公开与不公开又有什么差别？所以说，这些年虽然有了不少政务公开的阳光措施，但在老百姓的眼里却是月儿弯弯挂树梢，看上去很美，却摸不着。

信息不公开，危害有多大？近几年，治理网络谣言已经成了政府部门危机公关的重要职能。没有互联网的时候，靠口口相传，一个谣言传遍全国差不多要几个月；互联网时代，靠论坛、贴吧，一个谣言传遍全国一两天就够了；移动互联网时代，只需要动动手指，谣言就能传遍整个世界。

网络谣言不是止于智者，也不是止于真相，而是"谣言止于下一个谣言"，这是网络造谣者秦火火们信奉的至理名言。还有，谣言往往跟着社会热点，公众关注度高、传播快，很多网民不求证不思考，自愿做了谣言的"搬运工"。尤其是微信、微博盛行，人人都是自媒体，人人都是传播者，很多低级谣言到了"朋友圈"里，转眼就变成了可靠消息，在反复传谣的过程中，又衍生了新的谣言，犹如"蝴蝶效应"不可低估，甚至严重威胁社会稳定。

网络时代，人们获取信息欲望的无限膨胀，而当这个欲望无法满足或者说应对不及时的时候，网络谣言、道听途说便成为了一种补偿性满足。因此常常出现政府不得不出面辟谣，出现"谣言倒逼真相"的现象。

治理网络谣言根本在于信息的公开、透明、及时。谣言不可能全部消灭，往往是一谣未平，一谣又起，但我们可以让谣言止于公开。互联网搭建起一个公平的舞台，这里每个人都是平等的，每个人都有说话的权利，如果该你说话时，你沉默不语，不应对，不回应，那么就等于你默认这一切。这如同存在误解的两个人之间，一个人问原因，另一个人就是不说话，那么时间长了，问话的人自然就会发火，甚至发狂，自然有人拐弯抹角去从其他渠道打听消息，还有一些人直接编造虚假消息以讹传讹。最后，不说话的人被谣言逼得走投无路，只好辟谣说出真相。

可悲的是，有些消息封闭的官员还沉浸在传统媒体的慢条斯理中不能自拔，喜欢看文件，看报纸，喜欢听汇报，喜欢看摘报，凡事都要讲程序，一个网络事件发生之后，等走完全套程序，估计两天都过去了。而只需 1 小时，网络谣言就可能传遍全球。

建立公开社会，除了政务公开、信息公开，我建议再增加一个"诚信公开"。什么是诚信公开呢？我在第一章人心和善篇中曾经提及过，诚信公开一方面是将"实名制注册"立法，凡是公共平台的注册，都必须实名注册，包括网络的微信、微博、QQ、论坛等，每个网民必须对自己的言论负责，这样做，就会减少网络造谣滋事的发生，方便对国家安全的管理。还有，涉及经济方面的工商注册、经营、销售、生产、买房、买车、买地等，每个人都必须对他的合法经营负责，这样做，会有效地管制不法经营，减少官员贪腐，降低经济犯罪。

另一方面是建立一个类似于"诚信百度"这样的网络平台，国家成立专门的部门，将每一个年满 18 周岁的中国公民的诚信都记录在档，凡是作出违背诚信的事情，都会被"诚信百度"记录在档。相关机构、用人单位、银行、担保人等通过合法的程序从大数据中一查，就可以知道个人的诚信纪录。这样一来，没有信用的人，必然寸步难行，有了约束，讲信用的人自然也就多了。

总之，建设一个阳光透明的社会，不能光指望政府改革，更需要我们所有的人拿起法律的武器，争取自己的合法知情权。曾经在国际新闻上看到记者采访参加游行的法国人，"你们这样有用吗？"回答是"有些明天有用，有些可能十年百年后才有用，可那有什么关系呢？重要的是我们表达了自己的声音。"

随着新一届政府贯彻依法治国理念的深入，民众的法律意识越来越强，对知情权的要求越来越高。仅 2015 年第一季度，光河南省就通报了 8 起民告官、民告政府部门的案件，涉及环境保护、信息公开等行政执法领域等方方面面。当这样的个案越来越多，当公众要求政府部门的信息公开不再是新闻，当人们对于政府公开的行为习以为常，潜规则生存的空间就会越来越小，阳光社会的建设也就水到渠成了。

3. 公平：如何分好"一锅粥"

我们要培育社会和谐的第三棵"大树"，是公平。

有时候，一个词可以折射出社会的巨大变迁，"差距"正是这样一个词。

三十多年前的中国，对于城镇居民来说，没有明显的社会差距，可是我们每天都在讲差距，我们讲的是思想上的差距，这样的差距是与雷锋这些先进人物相对照的。

"学先进，找差距"，是当时的流行语，我们每天像小和尚念经一样，有口无心地说着"差距"，好像车轮一样空洞地转了一圈又一圈。

三十多年后，我们仍然喋喋不休地说着差距，当然已经不再是思想上的、空空洞洞的差距，而是实实在在的社会差距了。贫富差距、城乡差距、区域差距、发展差距、收入差距、分配差距，每一种差距都割裂着我们的心。

新中国成立第一个三十年，虽然经济发展缓慢，可是社会差距确实是在不断缩小，毛泽东始终没有解决的是城乡之间的差距。改革开放的三十年，中国经济总量迅速扩张，国内生产总值增长超过了一百倍，然而城乡之间的差距不但没有被缩小，反而拉得更大。而贫富差距，由改革开放初期的 4.5 ：1 扩大到 13 ：1，"基尼系数"超过了国际警戒线，接近社会可承受的极限。先让我们来看看世界银行和新华社提供的两组数据：

1% 与 41.4%。中国 1% 的高收入家庭掌握着全国 41.4% 的财富，25% 的低收入家庭拥有的财产总量仅在 1% 左右，财富集中度远超美国，成为全球两极分化最严重的国家之一。

1020 亿与 2300 元。2014 年中国人买走全球 47% 的奢侈品，奢侈品消费达 1020 亿元，是全球奢侈品市场无可争议的最大客户。与此同时，中国有超过 2 亿的贫困人口，年均收入不足 2300 元。

如果数字不足以打动你的话，让我们来看看真实的生活。

安徽一对失业已久的夫妇带着他们年幼的儿子，在回家的路上经过一个水果摊，儿子请求父母为他买一根最便宜的香蕉，只要一根就行。可是贫穷的父母掏出身上所有的钱，仍然不够买一根香蕉，只好把孩子从水果摊前强行拉回家。回到家里，孩子一直放声大哭，恼怒的父亲动手揍了孩子，妻子因此跟他争吵起来。在妻子的责骂和孩子的哭声中，这位父亲突然感到了悲哀，悲哀又演化成了仇恨。他恨自己的无能，恨自己没有工作，没有收入，连儿子想吃一根香蕉的愿望都不能满足。这种仇恨的情绪让他走到阳台，头也没回，就纵身一跃，跳下了十多层的高楼。男人死后，面对生活，他的妻子彻底绝望，回到家中，也上吊自杀了。

一根香蕉，两条人命，最后只留下孩子在哭泣……

对比之下，富人给孩子过生日大操大办早已是普遍现象，他们为孩子过生日，动辄花费十多万元。像浙江东部地区一些婚庆公司，还特别增设了专给中小学生包办各类生日宴的业务。据说，有的公司每个月都能接好几单生意。有的给孩子的 10 周岁开派对，将一个公园包了一整天；有的给儿子 16 岁庆生，把老家沿途 10 公里的路边广告牌全租下来——挂满儿子生日快乐祝福画；也有的给孩子过满月，请戏班子到村里连唱了七天；还有的为给女儿 20 岁生日庆生，在五星级酒店花费 50 万元请客；还有的为女儿结婚花 7000 万元摆阔……

社会生活的不平衡必然会带来梦想的不平衡，差不多十年前，CCTV 在六一儿童节期间，采访了中国各地的孩子，问他们六一的时候最想得到的礼物是什么，一个北京的男孩想要一架真正的波音飞机；一个西北的女孩却羞怯地说："想要一双白球鞋。"同一片蓝天下，同样的年龄，同是中国的孩子，梦想的差距竟如此巨大。对那个西北女孩来说，她梦想中的"白球鞋"，或许和那个北京男孩想要得到的波音飞机一样遥远。

网络流行语往往跟社会的焦点有关，近几年来流行的譬如"官二代"、"富二代"、"星二代"、"贫二代"、"农二代"，譬如"仇富"、"仇官"、"仇贫"，譬如"高富帅"、"白富美"、"屌丝"……将社会分裂成了两大阵营：富人和穷人。

近些年，中国人仇富仇官情绪强烈、矛盾激化，有些在平时看来不过是芝麻大的事，一旦遇上别有用心的人，煽动起大众仇富、仇官、仇名的情绪，就会产生剧烈的化学反应，到时候想低调收场都很难。

可是，仇富不仇袁隆平，不仇马云和姚明——这，难道不能说明问题吗？老百姓仇的不是富，而是不公；仇的不是官，而是腐败；与其说仇富仇官，不如说仇的是特权。

怎么样才能浇灭仇富、仇官的怒火？取消特权，创造一个更公平的社会。那么，要如何实现"更公平"呢？

我来讲一个小故事：有一支探险队去沙漠，由于带的粮食不够，队员们每天只能分一锅粥。一开始由炊事员来负责分粥，结果发现，每次炊事员都会先用大碗给自己盛得满满，再给别人分。这样，大家得出了一个结论：绝对的权力，会导致绝对的腐败。

于是，探险队又换了第二种方法，改成队员轮流主持分粥。表面上看，这种方法很平等，可是人人都想给自己多分一些粥，结果轮到自己分粥的时候，往往会给自己多打，常常吃不完造成浪费，轮到别人分粥的时候，自己却又吃不饱。由此，大家又得出一个结论：没有道德，无论由谁来分粥，都一样会造成腐败。

接着，又换了第三种方法，队员们选举出了一位德高望重的人，由他来主持分粥。起初，还能做到基本公平，可时间一久，高尚人士架不住周围的人溜须拍马，他不会给自己多分粥，却会在无意中给那些"赞美"他的人多分一些粥。由此，大家又得出了结论，只靠道德，没有制度，仍然做不到公平。

在吸取了三次失败经验后，大家成立了分粥委员会和监督委员会，形成了监督和制约，这有点类似于西方国家的议会制，依靠党派之间的相互监督进行权力制衡。用这种方法似乎可以做到公平、公正，可是由于监督委员会经常提出多种议案，分粥委员会又据理力争，结果每次分粥总会发生争执，粥都凉半天了，大家还喝不上一口，甚至有些时候两个委员会在那里吵来吵去，粥根本分不下去，所有人都只能挨饿。由此，大家又得出了结论：光有制度，也解决不了问题。

人不能为分一碗粥被难住呀，最后，大家创新出了一种直指人心的分粥制度，依旧每人轮流值日分粥，但是主持分粥的人，一定要给其他人都分完以后，最后才分粥给自己。这样一来，分粥的人要想自己最后有粥喝，就必须尽最大的努力，把粥分公平，不然自己就会挨饿。

如果把社会财富比成是一锅粥，第五种分粥的方法最能体现和落实公平。

好的制度能让坏人干不了坏事，不好的制度能让好人变坏。人的欲望是无限的，本性的好坏也是随时而变的，只有在明晰了名分之下的责权利，再有一套组织制度去监督，这样才能人尽其能，才会有一个公平的社会、和谐的环境。国家这么大，建设一个公平社会，不能光靠说，要靠制度。我认为至少有两点要做好：

第一点，也是最重要的一点，必须消灭特权。

讲到取消特权的问题，我们的官员必须要有《英雄儿女》中王成"向我开炮"的精神，自己给自己动手术的勇气。做人民的公仆可能有点不现实，但起码不要当高高在上的"主公"，取消特供、特权，跟老百姓平起平坐。平时经常到商场、铺面、小餐馆、菜市场去买东西，领导干部只有亲自去买到价高品劣的、假冒伪劣的产品，才会对民生问题有切身的体会；领导干部平常出门不要坐专车，每天骑自行车、坐公交车、乘地铁、搭出租车，才会对交通问题有切身的体会。只有取消特权，"跟人民群众打成一片"才不会是一句空话套话，才能真正做到跟人民群众同呼吸、同命运。

第二点，建设公平社会，不能搞简单的平均主义。

建设公平社会，我们一定要弄清楚一个概念：公平不等于平均。

马云曾经说过一句话："打倒几个财主，并不能让农民变得更富裕。"现在，社会上有仇富的情绪，有一些人认为要实现平等，必须剥夺富人的财富。这是一种极端危险的想法，这不仅不会达到共同富裕，还会摧毁民营经济。只要是合法的财富，就应该保护，而且通过这种保护，激发更多人凭借个人的汗水和智慧，致富创富。所以共同富裕的问题，不仅是财产分配的问题，而且需要整个体制改革，使社会体现公平。

建设公平社会，应该是起点平等，即机会平等、权利平等、规则平等，而不是简单的结果平等。机会公平，强调的是起点公平、过程公平。现代社会，人的自然差距（体力、才智等）和社会差距（出身、财产、受教育水平等）都可能产生严重的不平等。社会的责任不是去消灭这些差异，而是如何更多地把公共资源倾斜向弱势的群体，保证他们享有同样发展的机会。机会平等，就意味着我们不受家庭出身、父母职业的影响，不承认种族、性别、年龄的差别，更不承认财富、权势、名望带来的特权差别，而只承认个人的能力和努力程度的差别。

机会平等，我们第一个就要解决教育资源分配的不平等。"不要让孩子输在起跑线上"是每一对中国父母的口头禅，这句话又和"再穷不能穷教育，再苦不能苦孩子"一起成为中国父母的教育信条。中国父母花在孩子教育上的钱，可以用"血本"来形容：农村父母砸锅卖铁指望孩子飞出山沟，城里父母节衣缩食上交高额的择校费，让孩子上个好学校。中产阶级东借西凑把孩子送出国……教育耗光了中国家长们的血本，但是，家长们无论如何努力，也无法解决城乡教育的巨大差异，一线城市与二三线城市的教育差异，同城各片区学校的教育差异，同城同片区不同学校的教育差异，最后的结果是，学校变"学厂"，校长成了CEO，老师成了技术工人，学生成了流水线商品，家长呢，则成了冤大头，而孩子呢，依然"输在了起跑线上"。

再来谈权利公平。什么是权利公平？就是让每个中国人都能获得足够的食物、衣着、住房，学有所教、劳有所得、病有所医、老有所养、住有所居、弱有所靠。实现权利公平，户籍制度改革是重中之重。户口，被视为"中国人的第一证件"，一个人从出生到死亡，事事与之相关，别看只是小本本，其间的差别大了去了。讲一个真实的小故事。2005年10月

23 日，北京市朝阳区发生一起交通事故，同坐一辆夏利车的两名乘客死亡。男乘客金文植，吉林省延吉市人，城市户口；女乘客赵小英，陕西省大荔县人，农村户口。最后法院判决，金文植的家属拿到 41 万元赔偿金，赵小英的家属只拿到了 17 万元赔偿金。同一起车祸，由于户籍不同，家属得到的赔偿金额相差了 24 万元。

农村人、外地人都是中国人，中国人在中国的城市打工，还要到当地派出所办证明，证明自己"暂住中国"；农村娃、外地娃，都是中国娃，中国娃没权利在父母工作的城市读书，还得交"择校费"黑市高价才有书读……从教育、就业、医疗到养老、土地、住房，户籍制度改革与一系列制度密切相连，牵一发而动全身。这决定了户籍制度改革既慢不得，也急不得。但是，不能因为难就怕改、慢改。只有打破户籍的差异，才能让亿万国民，地不分南北，人不分城乡，都拥有平等的就业、医疗、养老、受教育、自由迁徙的权利。

最后谈一谈规则公平，什么是规则公平？就是在法律面前人人平等，不管你是富人官员，还是平民百姓。规则公平，我们要重点解决基本社会医疗保险制度的不公平。政府年年都在提高"新农合"的报销比例，但是与城镇职工医疗保险、城镇居民医疗保险和公务员的医疗保险相比，新农合的报销比例还是存在着巨大的差距。

我来举两个例子。第一个例子：2013 年河北省农家大汉郑艳良患上右腿溃疡，动手术需要 30 万元，按照他参加的新农合，费用只能报销一半，但他无法支付另一半费用。无钱治病，又不愿等死，郑艳良用一把钢锯、一把小水果刀、一个裹着毛巾的痒痒挠，硬是自己在家里将病腿锯掉。幸运的是，他存活了下来。这说明他的病虽然严重但是可以治愈。那么这种情况是否属于人人理应享有的"基本医疗"呢？

另一个例子：2013 年，山西一家三甲医院的副院长李立新向政协提交一份提案，反映公费医疗造成的浪费不亚于餐桌上的浪费。他说，享受公费医疗的一些领导干部本人往往要求用最好的药，医院从讨好、巴结或者关心领导的角度出发，也会给其推荐最好的药、最好的检查、最好的服务等。比如，有的领导仅得了一个普通感冒，就要求吃好几种药，并且要求住院输液，无形中造成了更多医疗资源以及财政资金的浪费，对领导本身也不好。前几年，有一位退休省级干部住一次院花费高达 300 万元。

建设公平社会，要走的路还很远，脚下的泥潭、绊脚石还很多，我们并不能因此而沮丧悲观。中国的事情往往就是这样，往前走一步，可能就要退半步，只要总体来说我们是向前的就很好了。

中国梦，是让每一个中国人都享有人生出彩机会的梦。只有一个公平的社会，才能为所有人提供人生出彩的机会，让他们共同享有梦想成真的机会，共同享有同时代一起成长与进步的机会。

4. 公正：以法治国，以德治心

我们要培育社会和谐的第四棵"大树"是公正。

公正就像空气、阳光和水，人人都需要。依法治国，则是建设社会公正的基石。

可是，依法治国一直存在三大难题：有法不依，有法难依，违法不究。

第一个问题是有法不依。这方面，中国的语言最有说服力，中国人说"事"不说"事"，而是说"事情"，所有的事后面，都必须带着一个"情"。由此可见，中国是一个人情社会、面子社会、关系社会，从官员到普通百姓，遇上大事、小事、好事、正事、坏事，第一个想到的不是靠规定、程序、制度、法律去解决，而是习惯用"情"来摆平，找关系、求人、托情、送礼已是一种常态。

一部中国史，就是一部人治史，这是中国传统文化的一大特点，那么多帝王戏、清官戏受人追捧就是最好的明证。人民都把希望寄托在所谓的"好皇帝"和"清官"身上，而不知道自己去争取，造成民权的萎缩。这是种采取运动式的政治手法来强行推动社会事务的做法，而不是靠制度，甚至在此过程中，破坏了本还不完善的制度。这种人治和现代社会的法制是格格不入的。

人治，使得中国历史走不出"两暴文化"的怪圈：一个叫暴君，一个叫暴民，轮流坐庄。暴君对民众压榨得太厉害，原来的顺民就成了暴民，揭竿而起，取而代之。暴民掌权后不消多久，自己也成为暴君。于是，就形成了"暴君压迫——暴民起义——新暴君诞生"的循环。这种"打倒皇帝做皇帝"的历史在中国重复了几千年。

今天，我们强调"依法治国"，是对历史的清醒认识，是对人情社会、人治传统的清算。那么，首先，我们要解决有法可依的问题。什么是法？我们到底要依什么法？

以民为本、立法为民的良法。在基本国策方面，一定要依宪治国，别让宪法成摆设；在经济方面，必须建立规范的市场经济，让价格变价值，让产品变人品，让市长变市场。在政治方面，需要发展民主制度，别让监督走过场。

第二个问题是有法难依。中国并不缺少法律，全国人大及其常委会共制定了有效的法律243部，国务院制定的现行有效的行政法规680多部，地方性和部门性的规章8000多部。这么多的法律法规，条款太多文字太多，根本记不住。记不住如何能做得到？为什么我们从小到老都能将，

"乘法口诀"倒背如流？因为易懂、易记，简单实用。因此在这里，我提倡记住两部法，用两句话就可以。两部法：一是宪法，知道你的权利和义务，你的权利你也可以忘记，但你要记住你的义务——那就是爱党、爱国、爱社会主义、爱家、爱自己。二是心法，意思就是，说每句话做每一件事都要问心无愧，对得起自己的良心。记住两句话：一是千法万法不如心中有心法，只要心中有心法你就不会违法；二是千情万情不如心情，只要有个好心情你就能处理好所有事情。

第三个问题是违法不究。可以这么说，违规或在违法边缘已经成为中国人日常生活中的一部分。比如说电脑里装的一些软件，公共场合吸烟，要求商家打折不开发票，非法运营的摩的，私自改装电动车，违章停车，找发票冲账报，街边摆个小摊，屋里屋外搭建……谁敢说自己，没有违过法！要想完全守法地生活，难啊！

也许有些人觉得爽，违了法，得了利，却没事！但更爽的是执法的人。既然人人都违过法，那就方便了，看谁不顺眼，就对谁执一把法，甚至你没有违法，他们也可以搞出一个"钓鱼式执法"来。被执法的人多半不服，普遍反应：那么多人都违规，为什么单挑我？不只是被执法者不服，执法者自己也心虚，他太清楚是怎么回事了，哪一天轮到他自己成了被执法者，也是一样不服。

就这样，法律条文越来越多，有一些也断断续续被执行着，但这个执法的过程，却日益增进了双方对法律的轻蔑，所以才会出现"守不守法无所谓，关键是别得罪当官的"、"唉，还是后台不硬啊"、"国家法律算个屁"的说法。一旦执法的过程激起这样的反应，还不如不执法。

怎么改？其实也简单，记住一句话：以法治国，以德治心，文化立本，强国富民，天人和合，天下太平。

对于法律与道德之间的关系，可以形象地打个比方。如要测量一个人的血压是不是正常，有两个标准：一是高压不能超过 120，二是低压不能低于 80。法律就好比社会的高压，一旦有人越过了高压，就必须严厉惩治；道德好比社会的低压，一旦有人突破了底线，就必须约束教育。因此这两者必须相辅相成。要有法可依，需要人心守法；要以德治心，需要用法律规范。

这就对依法治国提出了两个要求：一是立法的时候看清楚，想明白，不顺应人心的、不切合实际的、自相矛盾的、难以执行的法，不要随便去立，不能一边不得不默许，一边却要立法禁止它；二是一旦立了法，就要严格执行。人制定的法律，为什么人执行不了？一方面是人心出了问题，另一方面，缺少一个强制执行的制度，更缺少一个关于执行的奖惩制度。就目前的国情来说，首先要从官员开始执行，官员作出守法的表率，才能让民众心服口服。

怎么才能做到法治公正，其实就是一个"将心比心"的事情，你要是能把别人的事情当成自己的事情处理，你自然会找到最公正的处理方式。用心与不用心，差距可能仅有 0.1%，但结果却会是天壤之别。

中国用了三十多年的时间走完了西方国家三百多年的立法进程，是当之无愧的法律大国，但远远不是法治强国。法治，是用法律治国、理性治国、程序治国、规则治国，而不是有权人"想治你就治你"的随意治国，不是翻江倒海、唱红打黑的权力治国，也不是"想怎么治你就能怎么治你"的运动治国。我们今天如此强调"依法治国"，就是在强调规则的重要性、规矩的重要性、理性的重要性、程序的重要性、平等的重要性、执法的重要性。

党心、民心，关键是人心；民主、民权，关键是民生。没有法治，执政不牢，民心不稳。强调依法治国，就是要把权力关进制度的笼子。我们强调法治，一定要以人为本，要避免法律悬空、制度空转，让法律真正成为政府的行政方式、民众的生活方式，这是全体中国人的心愿和共识。

5. 公民：提高素质，从我做起

我们要培育社会和谐的第五棵"大树"，是公民。

近几年来，有关中国公民素质的讨论一直没有停歇，尤其是"买遍世界"的中国游客，在海外的不文明行径屡屡曝光，他们丢的不仅是自己的脸，而且是整个中国的脸，以至于"中国人"这个词的后面，若是少了"素质低"这三个字，就连我们自己都会觉得缺胳膊少腿。

改革开放 37 年后的新中国，是一个举足轻重的大国。经济上 GDP 排名世界第二，军事上正紧追美俄等世界强国，且社会稳定。按理来说，作为这样一个大国的国民，在世界上应该很受人尊重，但遗憾的是，中国公民得不到全世界的尊重——因为我们缺少素质。

但中国人并不是天生的低素质。作为文明古国、礼仪之邦，"汉仪"曾是优雅的代名词，全世界都以中华为师。经过近百年的动荡，如今我们的礼仪都到其他国家做客去了：想要找寻唐宋时期的礼仪，我们得去日本；想要找寻明代的礼仪，我们得去韩国；想要找寻明末清初的礼仪，我们得去东南亚各国；想要找寻清末的礼仪，我们得去西欧和美洲的唐人街……

那么，我们该如何看待当下中国人素质低的问题呢？

首先，我们不要怕拿"中国人的素质"说事。不要一听到"中国式过马路"，马上就搬出"美国式过马路"还不如中国，来证明闯红灯与素质无关。我们要有勇气直面现实，只有敢于自揭家丑，自曝短处，敢于自我批判、自我解剖，才是一个生命力旺盛的民族、一个不断进取的民族。

其次，不要一讲到素质问题，我们就拿道德、教育来说事。很多时候，素质问题，考验的是制度和管理。拿中国人最大的陋习乱扔垃圾来说，几乎遍及每个公共场所的每个角落，尤其是黄金周各地的景区都快成了垃圾场。

我仔细留意过电视镜头，景区公共场所的垃圾，多数集中在垃圾筒旁边。这说明不是游客很恶劣地有垃圾筒不用，而是他们很乖，很想善用垃圾筒，只不过垃圾筒爆满了，只好无奈地将其周边地面当成临时的垃圾收集点。

与其说这是游客不文明，倒不如说这是垃圾筒的数目不够，或者清理它们的速度跟不上游客的需要。再深一层，如果我们建立不乱扔垃圾的可行性制度，是不是可以逐步改善这种不良行为呢？在新加坡，随地扔垃圾首次违规罚 2500 元；在泰国，随意在街道扔垃圾者将被罚款 2000 泰铢，约合人民币 400 元，对于向公共河区丢垃圾者则将罚款 10000 泰铢，约合人民币 2000 元……一个有效且可行的制度，可以起到良好的制约与示范效果。一个很干净的地方，人们不好意思丢垃圾，一旦地上有垃圾出现之后，人们就会毫不犹豫地丢垃圾，丝毫不觉羞愧。因此，如何处罚第一个扔垃圾的人，将不良行为的影响降低到最小，才是最重要的。

中国人"素质低"的另一个客观原因，是传统生活方式与现代社会的冲突。比如说农村长大的人，从小在田野中生活，自由自在惯了。一旦进城之后，没有经过长期的训练，自然不适应城市交通规则，乱闯红灯，随地吐痰，大声说话，赤膊露胸，自己却毫无自觉。这样看来，也不能一句"素质低"就把所有人都"打死"，我们还是需要一个长期的、潜移默化的教育过程啊！

下面，我说一说该如何提高中国公民的素质问题。我认为第一需要教，第二需要强制，第三需要坚持。

为什么多数老外不会用筷子吃饭？答案很简单，因为没有人教。没有人教，自然也就不会。这个道理就如同我们教孩子刷牙一样：首先我们要告诉孩子刷牙有什么好处和怎样刷，然后要对孩子进行强制规定，每天的早上和晚上都必须刷牙；再然后就是坚持，如果不刷牙，就给孩子一点小小的惩罚，久而久之，孩子就养成了按时刷牙的习惯。刷牙坚持得好，牙口就好，吃嘛嘛香，身体倍棒。有些人的牙不好，为什么？习惯不好，坚持得不好，执行得不好。

把刷牙这件小事延伸一下，我们可以认真地想一想，要提高公民的素质，首先我们要用"刷牙"的文化来教育孩子，然后要有必须"刷牙"的制度来管理孩子，最后还要有适当的奖罚制度来执行。日久天长，习惯成自然，公民的素质自然就提高了。

说一千道一万，要想在全世界面前摘掉中国人额头上"素质低"的标签，必须从我们自己做起。

我们每一个人都不仅仅代表着自己，更代表着我们的家庭、学校、单位，以及我们的民族和生养我们的故乡。

当我们走出家门、走出校门、走出公司的大门，举止不文明时，别人会说——这是某某的父母没有教好，这是某某的老师没有教好，这是某某位领导没有教好。

当我们走到外地，甚或走出国门，举止不文明时，当地人就会说——瞧，这些某某地方的人多没教养，这些中国人素质太低！

因此，提高公民素质是我们每一个中国人内在和外在的必然需求。我们不能等到制度已经完善的那一天，管理水平完备的那一天，周围的人都懂礼仪教养的那一天，我们才开始提升自身的公德素质。在要求他人，指责社会前，我们都应先扪心自问。记住一根手指指向他人时，恰有三根手指正对着自己的心口窝。

喊破嗓子，不如作出样子。我们说得已经太多了，让我们的心等一等自己说过的话吧，让我们都少说一些，多做一些吧！

让我们每一个人都从小事做起，从现在做起吧！

让我们每一个人都加强公民意识，提升公民素质，从自我做起吧！

我们每个人都要记住，我是优秀的中国公民，我光荣我骄傲！

第四章

世界和平：
实现中国梦的必备环境

什么是世界和平？

世界和平，是由"人心和善"播撒下的五颗心灵"种子"，培育成家庭和睦的五棵"小苗"，长成了和谐社会的五棵"大树"，开出的五朵"和平之花"，它们分别是：安全、独立、尊重、合作、共赢。

世界和平，就是国与国之间平等相处，都在一个地球村，有话好好说，有事好商量；就是我放心地借给你肩膀让你靠靠，你亲密地张开双臂让我抱抱；就是你和我善，我善你和；就是有朋自远方来，不亦乐乎；就是远亲不如近邻，近邻不如对门。

如今，第二次世界大战已结束七十年了，但世界仍不太平，局部战争、地区性冲突仍时有发生。这是为什么呢？

引发战争的因素或许有很多，但在我看来都逃不出五大因素，即：利益之争、霸权之争、能源之争、核武之争、政治之争。

从理论上讲，所有的战争都离不开一个"利"字，战争就是钱财之争，就是货币之争，就是能源之争，就是得失之争，就是生存发展之争，就是世界霸权之争；从政治上讲，战争又是意识形态之争，是不同文化的价值观之争，是宗教之争，是民族之争；从根源上讲，战争就是因为我们只讲"利"，不讲"和"，就是因为我们的"心"出了问题。

战争威胁时时在，和平渴望人人有。两次世界大战的血色历史，让人类明白了一个真理：战争解决不了问题，只会造成更大的战争，你活别人也要活，战争的目的，最终还是要和，打完仗，大家还得坐下来，万事好商量。因为天空足够大，地球足够大，世界足够大，容得下各国人民共同发展繁荣。

人类科技的大发展，已经让整个世界"缩小为地球村"，国与国之间，你中有我，我中有你，经济利益难分彼此。而在文化领域方面，全世界还欠缺共识，还缺少一个能让全世界"和"起来的文化，而中国和文化中"协和万邦"的思想，正是东方文明对世界的巨大贡献。

中华民族是一个热爱和平的民族，历来就有尚德不尚武的传统。协和万邦，是中华文明之所以能长存五千年的智慧源泉，共谋和平、共护和平、共享和平，是中国人在新的历史时期对协和万邦的新的诠释。

世界和平，是实现中国梦的必备环境。中国是一个超级人口大国，也是经济排名第二的经济大国，世界和平离不开中国，一个和平的中国，对全世界都有好处。全世界 61 个发达国家，养活了 12.9 亿人口，而中国一个国家就养活了 13.7 亿人口，谁能跟中国比？比什么？比对人类的贡献，从生存生活的角度上讲，中国对人类的贡献，是 61 个发达国家的总和，难道还不应给中国点个赞吗？反过来，中国的发展，也离不开世界和平，一个拥有 13.7 亿人口的国家，要想稳步发展，没有全世界的善意和支持，也是寸步难行的。况且，地球只有一个，离开了地球母亲，我们谁也不能活。所以，世界和平与我们每一个人都有关系。

我们要怎样实现世界和平呢？

对此，我认为我们应讲好"五善"。就是国与国之间，要讲善良和气；国家内部，要讲善抓思想；对待外辱，要讲善用武力；对待世界责任，要讲善待历史；维护国际秩序，要讲善于创新。

讲"世界和平"，最重要的就是一个"和"字。要讲好这个"和"字，就需要我们懂得"共谋和平，共护和平，共享和平"；就需要全世界所有热爱和平的国家及人民都能够心往一处想，劲往一处使，拧成一股绳，心与心交融，爱与爱互惠；就需要我们能够做到不"以邻为壑"，"己所不欲，勿施于人"，让"和"的声音响彻世界。

安全、独立、尊重、合作、共赢，是由人心和善的五颗"种子"，培育成家庭和睦的五棵"小苗"，成长为社会和谐的五棵"大树"，开出世界和平的五朵"鲜花"——各美其美，美人之美，美美与共，天下大同。

相信，世界和平，将为中国梦的实现提供更稳定的环境；和平的中国，将为世界带来更美好的明天。

人类世界最优秀的国家和民族，除了具备经济、军事的硬实力，话语权、价值观的软实力，更要具备协和万邦的和实力。残酷的战争史已经证明，人类要想长久地生存和发展，最终只有万邦协和，走向一个"世界国家"，才能避免民族国家的狭隘，才能避免因为追求狭隘国家利益而带来的人类社会的灭亡。纵观人类历史，唯有中国在漫长的五千年中，依靠博大精深的和文化，完整地守护了一个超级文明，长时间生活在一个文明帝国的稳定秩序中。一个历史上一直崇尚和平的文明，为人类的"世界主义"模式提供了宝贵的文化智慧，也将成为 21 世纪全人类的共同精神财富。

如今，世界二百多个国家和地区，几乎每个国家都有自己的国歌，而地球只有一个，世界只有一个，我们需要一首"世界之歌"。相信，我们中国有智慧、有经验、有能力，也有责任谱写一首"世界五和之歌"，并且担任领唱。因为"五和"文化超越了国界、种族、宗教，地球上所有人、所有国家都能接受，并衷心拥戴。

当中国开始领唱"五和世界"的旋律时，相信全人类都将用心聆听，齐声和唱，携手走向人类美好的明天。

一、世界有"五争"，天下不太平

我作为一个草根文人，一个普普通通的老百姓，谈"世界和平"这个话题似乎有些"高、大、上"了。但是，我从过军，经历过对越自卫反击战，亲历过战友的死亡，我痛恨战争；我从过政，作为曾经的干部，从国家和人民的角度，我祈愿国泰民安；我也从过商，从个人的角度，我呼唤世界和平，愿经济持续繁荣，人人都能更加富裕。

当今世界，呼唤和平这个目标任重而道远。回首人类的数千年文明，充满了血雨腥风，一部人类文明史，就是一部人类战争史。

据印度学者统计，从公元前3200年算起到公元1964年，5164年中，全球共发生过14513次战争，平均每年约爆发3次，只有329年是和平的，至少有36.4亿人在战火中丧生，仅第二次世界大战，就波及了全世界61个国家和地区，造成的伤亡人数高达1.9亿人。

但从另一个角度讲，从中国、日本、英国、法国、德国……从各个国家的历史记录来看，从世界的局部区域来看，战争每持续几年、十年，甚或过百年，就会迎来一个相对和平稳定的盛世，迎来数十年，甚至两三百年的相对和平时期。

由此可见，人类的历史虽战祸不断，但人类却并非天性好战。与战争相比，人们更向往安定祥和的生活，更珍视和平。

如今，随着科技的发展，生化武器、激光武器、声波武器、原子弹、氢弹……一件件应战争需求诞生的"魔鬼利刃"摆在全人类的面前。它们在虐杀我们，它们也在警示我们：维护"世界和平"，已不再是一个"是"与"否"的选择题，而是谁都不能回避的历史责任、时代义务——"世界和平"，与每一个人都有关系。

1.利益之争：有钱好称王

古往今来，所有的战争都离不开一个"利"字。

我喜欢用"玩"字来调侃当今的国际形势。一个"玩"字，左边是"王"，右边是"元"，合起来理解，就是想要称"王"就得有"钱"；反过来讲，也可解释为有"钱"就可以称"王"。

工业革命前，封建国家"土地"为王；工业革命以后，西方资本主义国家"市场"为王；第二次世界大战以后，到2008年世界金融危机前，美元主导世界，"货币"为王；2008年以后，中国崛起，推动国际合作，以软实力搭建友谊桥梁，"文化"为王。

本节，我就围绕着引发战争的"五要素"之一——"利益"为王，来简单地评说一下第二次世界大战以来的世界风云。

西方文明是技术文明，是工业文明。西方文明席卷世界的直接结果就是世界各国被工业化，被技术化，使世界逐渐缩小，越来越需要政治上的统一。这条线可以直接追溯到两次世界大战。

但是，在政治上，西方继承发扬了古希腊的民主思想。这种民主，缺少统和力，不适合世界政治一体化的需要。古希腊城邦就是在这种民主体系下分崩离析的。且正因为这种民主适应不了时代进步的需要，所以化解不了"轴心国"与"协约国"之间的矛盾，导致两次世界大战先后爆发，演绎出了一个个世界帝国的兴衰更迭。

两次世界战争的结果就是——欧洲列强相互厮杀，最后自己把自己给打残了，"殖民时代"宣告终结。

而两次世界大战带来的另一个结果就是美国的崛起。凭地缘优势，美国在世界大战中捡了便宜。战后，世界金融中心也从伦敦转移到了纽约。为了维护"胜利"成果，使美国主导世界，当时的美国总统罗斯福推动建立了三个世界体系，即：借"联合国"调控世界政局，借WTO影响世界贸易，借布雷顿森林体系确立"美元"为国际货币。从此，世界进入"美元"时代，开始以"货币"为王。

第二次世界大战以来，世界上发生的所有重大局部战争，都是在围着"钱"转，在围着"美元"转。

从1944年到1971年，是美元逐渐裹挟世界的27年。在这27年里，美国人向世界承诺，每35美元兑换1盎司黄金。因为有了这个承诺作保，世界各国的货币都和美元挂钩。

而从1971年到2008年，这37年是"美元"逐渐失去信誉的37年。因为，美国人为了"利"，自食其言，在1971年8月15日宣布："美元与黄金脱钩。"美国财政部部长康纳利就曾经说过："美元是我们的货币，你们的麻烦！"

我相信，罗斯福总统将美元与黄金挂钩的原因，是他看到了世界潮流，看清了世界需要国际货币来进行物质流通。但美元从国际化的那一天起，就直接成为了贪婪的美国金融家们打劫世界的工具。

这不是人品问题，而是政体问题，是文化问题，是因为西方的民主思想和公德观都建立在私有制上，西方的平等理念只能逡巡在一国一域，不具有天下观，不具有世界凝合力，不能恩泽全人类。西方的民主是狼群中的民主——在狼群内讲公正秩序，在狼群外讲弱肉强食。

我们完全可以把美元的"失信"过程，看成是西方民主的失败过程。

首先，是第二次世界大战结束，"冷战"开始，东西方两个超级大国摔跤，苏联被摔散了架子，美国人则摔丢了钱包。

第二次世界大战结束前，美国黄金储备占世界的80%，完全可以保证世界金融体系的正常运行，但美国人要靠武力来扩张民主，于是打了两场失败的战争：一场在朝鲜，一场在越南。尤其是越南战争，差不多打掉了8000亿美元的军费，以35美元1盎司黄金结算，约为647988吨黄金。

在这个历史的节点上，美国人受自身文化影响，没有想过终止对抗，没有想过"合则两利，斗则两伤"，而是做了两件事：宣布"美元与黄金脱钩"和迫使石油输出国组织（欧佩克）接受美国人的条件——全球的石油交易必须用美元结算。从此，美元绑架了世界，也开始失信于世界，成了全世界的噩梦。

为了捍卫"美元"，美国的形象很难看，美军成了为美元而战的军队。从海湾战争、伊拉克战争、科索沃战争、阿富汗战争，到利比亚战争，以及近两年的突尼斯、埃及、巴林、利比亚的骚乱，包括今天的乌克兰地区冲突和中国南海的海疆问题，处处都有美国大兵的身影。

当下，美国插手南海事务，也是为其自身利益，担心大量的石油资源被中国控制。美国这是以小人之心度君子之腹，他不了解中国自古以来就是一个负责的大国、一个和平的大国、一个从没有侵略历史的大国。

因为伊拉克入侵科威特，触动了世界石油利益，触动了美元，触动了美国人的神经，海湾战争爆发了；因为萨达姆宣布伊拉克的石油交易将用欧元结算，所以美国人绕开了联合国，独自攻陷了伊拉克。尽管，萨达姆没有支持恐怖主义，没有支持基地组织，美国大兵在伊拉克也没有找到大规模杀伤性武器，但萨达姆还是被美国人绞死了，因为美国人不允许有人撼动美国人的利益。在伊拉克战争前，每桶石油不过38美元，战争打完了，每桶接近150美元，"美元"的价值因石油的升值提升了将近三倍。

同样，因为欧元天生就是美元的竞争对手。所以，1999年1月，欧元刚刚诞生，3月24日，科索沃战争就爆发了。

欧元启动之初，与美元比值是1：1.07。72天的狂轰乱炸过后，南联盟屈服了，欧元也来了个大跳水，直线下跌30%，比值变成了1：0.82。而且，战争爆发前，大约有7000亿元热钱在欧洲游荡，可战争一开始，就跑了4000亿元，其中有2000亿元直接流进了美国，支持了美国长达九十多个月的经济繁荣。

我曾经是个商人，最了解商人的心理。只要是做正常投资的商人，都怕打仗。一打仗就没有钱赚，就要面临亏损，所以投资商们都不愿意看到战争。欧洲经济危机，中亚冲突不断，东亚局势紧张，非洲贫穷落后，澳洲地广人稀，美洲又是美国人的后院，似乎处处都不太安全，唯美国平平静静……那么，世界热钱会往哪里流呢？没得选，当然只能去美国，最安全，最保险。

尤其现在是网络化、信息化、全球化的时代，一台电脑，轻轻地一点鼠标，敲击几下键盘，霎时间，成百亿、上千亿，甚至是数万亿的资金，就会以无限接近光速的速度，从一个危险地区，转移到一个安全地区。

所以，第二次世界大战以来，美国大兵总喜欢在世界各地搞风搞雨，管这管那，目的就一个，就是要将美国的利益最大化。要让美国大兵的战斗反应速度超过世界热钱的流动速度，不能让口袋揣着钱的投资商们跑去喝德国啤酒、吃法国牛排、品英国红茶、要日本海鲜、尝中东烧烤、点中国的满汉全席，却对麦当劳的垃圾食品置之不理。

自 20 世纪以来，数次世界性经济危机都是从金融市场开始。更因为 1929 年的世界大萧条，直接引发了第二次世界大战。这些，都不是经济规律，而是人祸。

当今世界，在经济上，在国与国的交往中，已是你中有我，我中有你。但我们还缺少一个能让全球各国共同协作的政治体系，还缺少一个能对全球经济运作进行有效监管的机制，还缺少一种具有包容性，具有凝聚性，讲"和而不同"的世界性文化。

民民相通，和则合矣。要想世界和平，需万邦同协。

2. 霸权之争：反恐，为何越反越恐

2001 年美国"9·11"事件后，世界战争进入了反恐时代。

十几年过去了，美国高举反恐旗号，在全球掀起了一轮又一轮反恐战争，取得了累累战果。但是，国际恐怖主义却越反越恐，塔利班从困守一国，变成了被美国大兵驱赶的"世界开花"。此外，西班牙、俄罗斯、印度、巴基斯坦、法国、英国、德国、埃及、黎巴嫩、孟加拉国、菲律宾、印尼等国家，也都遭遇了严重的恐怖袭击。

美国是当今世界头号军事强国，国防开支世界第一，现役总兵力 139.58 万，拥有 5 个全球性舰队、11 个航母战斗群、57 艘攻击潜艇、116 艘水面作战舰艇，核武器足以毁灭世界数次。可为什么就像导弹打苍蝇一样，强大的美国对小小的恐怖组织却无可奈何，屡反不绝，越反越恐呢？

首先，不合理的国际秩序是国际恐怖主义产生的深刻根源。在全球化过程中，西方发达国家财富空前聚积，发展中国家与之相差几十年，甚至上百年，而伊斯兰世界贫困化现象尤为严重。贫富分化，南北分裂，是产生绝望与仇恨的土壤。只要这一不合理的国际秩序得不到根本性改善，世界就始终存在着滋生恐怖主义的土壤。

其次，世界霸权主义和强权政治，是产生国际恐怖主义的根源。冷战后，美国一家独大，这让一些美国政客滋生了狂妄自大的心理，使美国的部分决策者总把本国利益凌驾于别国之上，动不动就用武力来实现自己的特殊目的，由此在世界播下了动荡与仇恨的种子，使本来已经十分复杂的民族、宗教、文化矛盾进一步激化，引起了第三世界弱小国家的强烈反抗。尤其是美国的中东政策，激起了阿拉伯国家强烈的反美情绪，并以极端恐怖主义表现出来。从一定意义上讲，世界霸权主义与国际恐怖主义是一对亲兄弟，共生共存。不让霸权主义消失，国际恐怖主义就不会单独消亡。

最后，美国在反恐问题上持双重标准也是重要原因。是不是恐怖主义，美国人说了算。对于恐怖主义，美国政府一向采取实用主义和利己主义的双重标准。反对美国的恐怖主义，就是恐怖主义；反对美国不喜欢的国家的恐怖主义，就不是恐怖主义，而是美国政府心目中的"民主斗士"。

对于美国来说，对方是不是恐怖组织不要紧：说你是，你就是，不是也是；说该打，就得打，打了白打。

头号"恐怖分子"本·拉登的故事就很能说明问题。本·拉登原是美国为了与苏联对抗，一手扶植起来的。那时的拉登，曾经是美国人的"民主斗士"。

后来，苏联撤军阿富汗并放弃冷战，当时本·拉登曾一度认为敌人被打倒了，阿富汗该和平了，没必要再搞恐怖袭击了。但是后来，美国并没有给中东带去和平，相反却借着海湾战争之机，武力介入阿拉伯世界。这引起了本·拉登的强烈不满，最终本·拉登及其"基地"组织成为了世界性的毒瘤。

拉登亲手制造了"9·11"事件，致使数千美国无辜平民死亡，这种行为是反人类的，必须受到严厉谴责。但是，我们应当反思——是谁催生了恐怖主义？是谁激起了本·拉登的罪恶行为？为什么美国人要被阿拉伯人切齿痛恨？

美国老是喜欢把自己当成"世界警察"，但既然是"世界警察"，就得全世界人民说了算，不是你美国想当就当的，你总是想着自己霸权，想着当老大，你得让全世界人服你才行。这些年反恐战争越反越恐的现实已经证明，美国想用金钱和武力来争夺世界霸权的出发点是错的，一个真正和平的美丽新世界，不需要霸主，也不需要救世主，需要的是大国、小国平等相待，弱国、穷国真心相助，从善出发，从帮助别国出发，才会赢得世界人民发自内心的尊重。

3. 能源之争：火药味十足的南海争端

工业文明，建立在能源的基础之上，能源是一个现代化国家的经济血脉。没有了能源，我们的生活就只能退回到牛耕马拉的时代。尤其是最近一百年，围绕着石油这种黑色黄金，国与国之间的冲突愈演愈烈。因为，石油的背后还关系到美元。

近些年来，新能源的开发一直是科技领域的主要课题，但短时间内，人类还无法找到，或者制造出一种能够完全替代石油的新能源。

中国，作为一个人口大国，13.7亿人口的衣食住行都离不开能源。中国的崛起，中国梦的实现，都需要天文数字的能源作为支撑。

目前，中国已成为世界第二大石油进口国和第二大石油消费国，石油对外依赖度突破55%，能源已经成为中国的"软肋"。由于石油等石化能源具有不可再生性，确保能源安全就成为了世界各国的重要国策。

就我国的国情来说，目前主要有大庆、胜利、长庆、辽河、克拉玛依、四川、华北、大港、中原、吉林、河南、江汉、江苏、青海、塔里木、吐哈、玉门、滇黔桂、冀东、海南等二十余家以地理为单位的油田开发集团，此外还有南海油田的开发，围绕它一直问题不断。

20世纪70年代以前，南海相对来说还是一片"平静之海"。但近些年，人们发现南海盆地蕴藏有230—300亿吨的石油和16万亿立方米的天然气，相当于我国油气总资源的1/3。一石激起千层浪，南海油气储量的公布，让世界上许多国家都有了想法，南海也因此成了一片火药味十足的"复杂之海"。

中国在南海问题上采取"主权在我，搁置争议，共同开发"政策，按照好的方面理解，是呼吁各国放弃纷争，共享自然资源。

然而良好的意愿得不到善意的回应，某些国家竟变本加厉，寻衅滋事。另外，南海的能源开发问题，还掺杂着复杂的地缘政治与国际政治问题。比如美国和日本，都在南海问题上大做文章。

南海是通往马六甲海峡国际航道的必经之路，精明的日本人认为：谁掌握了南海的制海权，谁就控制了整个东亚的经济命脉。尤其这些年，日本不顾国际谴责积极扩军，目前更是在集中力量开发制造航母。以日本的经济和技术实力来说，这并没有什么难度。

中国和东亚国家山水相连，血脉相亲，中国希望能与东亚国家共同建设"海上丝绸之路"。对于南海问题，利益是可以商量，是可以谈的，但领土问题是不能谈的，国家尊严是不能丢的。

其实，日本这个民族，"隐忍"是他们最大的特点。第二次世界大战时，日本吃了美国的两颗原子弹，险些亡国灭种，于是他们知道了自己的不足，他们成了美国人的学生，也成了美国人最不忠心的小弟。他们篡改第二次世界大战历史，修改教科书，公然否认南京大屠杀，在南海问题上挑衅中国的底线，但他们的根本意图却是要恢复军国主义，摆脱美国束缚，成为一个真正独立的国家。

南海问题，对于中国来说，存在着能源需求，但更是一个民族尊严的问题；而对于东亚一些国家来说则比较单纯，只是一个发展问题。而日本呢？醉翁之意不在酒。而站在南海纷争幕后的美国看来，南海只是一张牌，可以让东亚地区乱一乱，不稳定。

中国人历来是爱好和平的，但是历史经验也告诉我们，牺牲主权换不来和平。要维护世界和平，同样需要敢战之力。

世界和平不是说出来的，而是要讲实力的。要让别人听你的道理，自己首先就要足够强大。只有强大到让别人都重视你了，你才有话语权，别人才愿意听你唠唠叨叨。

在强盗面前，弱者的道理是乞求，强者的道理是告诫。乞求，常常会被人充耳不闻；而对于告诫，人往往会竖起耳朵来听。

中国人呼吁世界和平，但绝不惧怕战争。一个国家的话语权，永远与一个国家的实力成正比。只有拥有足够的敢战之力，我们才有捍卫世界和平的资本，才能把问题消灭在萌芽状态。

此外，能源危机不仅是中国的问题，更是一个全球各国的严峻挑战。目前，我们有世界卫生组织（WHO）、两个全球粮食机构，还有"布雷顿森林"金融机构与组织，而能源方面，却没有一个全球性的权威组织。现有的三个能源组织都是分散性的，一个是石油输出国组织（OPEC，简称：欧佩克），只有 13 个成员国，从生产国的角度出发，专门处理石油事务；另一个是 IEA，代表着来自消费国角度的经合组织（OECD）有 27 个成员国，仅 51 个国家签署了《能源宪章条约》，而且该条约的关注重点局限于贸易、运输与争端解决等问题。还有新成立的联合国的协调机制——联合国能源机制（UN-Energy），仅有 20 个成员机构，而且这个组织既无预算，也无职权，只是一个性质温和、供讨论和交流信息的论坛。

因此，针对正在逼近的能源危机，世界各国必须采取联合行动，制订出长远对策，成立一个专业性、权威性的多国机构，在公平和公正的基础上，制订兼顾富国和穷国的政策及惯例，共享新能源技术的开发，核能及可再生能源的科学技术，还可以对世界资源进行平等互换，我拿石油换你的粮食，你拿药品换我的石油，不要去掠夺，不要去害红眼病，我们必须在危机转化为灾难之前行动起来。

即使是悲观主义者也相信，作为全球繁荣基础的石油至少要几十年后才会接近枯竭。让我们明智地利用这段时间，制订解决全球能源需求的长远对策，造福于全人类。

4. 核武之争：为何没有爆发第三次世界大战

经历两次世界大战后，全球虽局部战争依旧不断，但第三次世界大战似乎成了无限延期的预言。根本原因是什么？答案是：核武器。

当今世界，不仅美国人有原子弹，俄、英、中、法、以色列、印度、巴基斯坦、朝鲜，也都拥有原子弹。且仅美俄两国的核弹总数就超过 14000 枚，足以将地球毁灭几百次。

于是，核威胁变成了核制衡。你搞霸权，你有核武器可以扔到别人的家里去，别人也同样有原子弹，也可以扔到你的家里去。大家都有核武器了，地球却只有一个，没人想把地球炸了和对方同归于尽。这样一来，第二次世界大战后的世界和平，就成了坐在原子弹上的和平。

世界上，首先拥有核武器的国家是美国，首先使用核武器的国家是美国，拥有最多核武的国家是美国，用核武威慑别人最多的国家还是美国。不过，在核战略这方面，我认为，美国还得向中国学习。

几十年来，中国从不在国外部署核武器，从未参加任何形式的军备竞赛。在拥有核武器的国家中，只有中国承诺不对无核国家使用或威胁使用核武器，且不首先使用核武器。不过，随着当代军事的发展，需要说明的是，中国不首先使用核武器，并不等于不使用核武器，只是在战争中不把核武器作为优先选项。但当国家面临重大危机时，核武器作为备选项，仍会归入军事对抗的工具箱中。

中国的核战略仅仅是一种核威慑，以摧毁敌方少数几座城市为核心，令敌方投鼠忌器。所以，中国不需要大量的核武器。中国核武器库存在的唯一目的，就是遏制他国对中国使用或威胁使用核武器。因此，在中国的战略家看来，在核战争中唯一的取胜之道就是"永不使用核武"。

而美国呢？美国要称霸世界，就必然在世界各地布置核武器。美国的核战略集中于摧毁军事目标上，这就意味着美国人得拿核武器当炮弹用，不能太过计较投放数量和成本。为执行这一核战略，美国每年必须为核武器花费超过 1 万亿美元。2014 年，美国全年的财政收入是 3.04 万亿美元。这就是说，全美国纳税人的钱，有 1/3 用在了维护那些可能永远都派不上用处的核弹上，却没有注入到美国颓废的经济中，没有用来解决美国的失业问题，没有变成美国人的住房、汉堡或耐克跑鞋，没有成为美国公民真正需要的东西。虽然中国军方并未透露过用于核武器的军费数字，但与美国相比，肯定微不足道。

那么，核战争一旦爆发，核毁灭又会是什么样呢？许多人因广岛事件，认为核武器毁灭世界只是一瞬间的事。当然，这也是一种可能。但多数情况下，核武器会用来定点打击那些军事设施，或人口稠密的战略目标，而不会集中起来摧毁地球。但是，当大量的核武器被用于战争时，必然会改变地球的生态系统。

有5名美国科学家曾经做过一个关于"核冬天"的著名实验。他们利用公开发表的核武器性能数据建立了数学模型，模拟美俄两国进行核战，并假设双方在北半球共投放了50亿吨的核弹，于是他们得出了下面的推论：

一场50亿吨当量的核大战，可将10亿吨微尘和2亿吨黑烟掀入空中，使整个地球变成暗无天日的灰色世界。阳光无法完全穿透灰黑色的烟云，气温急剧下降，地球生态会遭到严重破坏，植物会被冻死，海洋会被冻结，城市会充满辐射，到处都是废墟，只有寒风在残垣断壁间凄厉呜鸣，似乎在向空无一人的世界哭诉。这里曾有过医院，这里曾有过商店，这里曾经是工厂，这里曾经是公路，这里曾经充满生机，这里曾经一片繁华……

没有人知道，核战后的地球是否还有生命。但，我们都很清楚——核战过后，永无赢家！

让我们把历史翻回到1945年8月6日，那一天，伟大的爱因斯坦在纽约听到了日本广岛遭原子弹轰炸的消息，极度震惊和痛苦。作为推动美国原子弹研究的第一人，爱因斯坦不无遗憾地说："我现在最大的感想就是后悔，后悔当初给罗斯福总统写那封信……我当时是想把原子弹这一罪恶的杀人工具从疯子希特勒手里抢过来。想不到现在又将它送到另一个疯子手里……我们为什么要将几万无辜的男女老幼，作为这个新炸弹的活靶子呢？"

聪明的人类发明了核武器，可是核武器却变成了人类自我毁灭的工具。

为了人类的明天，我倡议，联合国的《不扩散核武器条约》再增加一条：所有国家停止研究、制造以毁灭人类为目标的核武器，谁违反谁受罚；已有核武器的国家，要向全世界公开核武的库存，在世界各国的监督下，有计划地逐年销毁核武器，把科技发明的成果，用在改善人类的生存环境上。

5. 政治之争：不流血的战争

战争是流血的政治，政治是不流血的战争。政治的较量是国家综合国力的较量，是国家意识形态的较量，是国家硬实力＋软实力的较量，是民族信仰的较量，是文化素质的较量。未来的世界，物质为基础，而"文化"为王。

政治的较量并不是针尖对麦芒的武力互博，而是要各自练好内功，看谁能长命百岁，看谁能笑到最后。以"冷战"为例，苏联的解体，有经济发展不均衡的原因，有官僚体制腐败的原因，有西方国家"和平演变"的原因，但最重要的还是因为苏联人信仰缺失，自身的思想出了问题。

苏军的瓦解，是真正的自我瓦解。苏军曾粉碎过14个国家的联合武装干涉，打败过希特勒的数百万大军。然而，1985年戈尔巴乔夫上台执政后，极力推行"民主改革与新思维"，实行政治"多元化"和多党制，使苏共丧失了领导地位，造成了苏联社会的思想混乱，致使社会动荡日益加剧，最终上演了"（苏联）共产党同它的将军们手挽手、肩并肩地走向灭亡"的"世纪悲剧"。

苏联解体后，时任美国中央情报局局长的罗伯特·盖茨飞到莫斯科，骄傲地在红场散步，说了句发人深省的话："我们知道，无论施加经济压力，还是进行军备竞赛，甚至用武力也拿不下来，只能通过内部爆炸来毁灭它。"

"和平演变"这套思路，是 20 世纪 50 年代中期，由美国人提出的。毛泽东主席认为，要挫败"和平演变"的阴谋，必须抓好四件事：第一，加强和改进党风建设；第二，加强和严肃党的纪律；第三，坚持批评和自我批评，克服官僚主义和脱离群众等不良现象；第四，牢记党的宗旨，自觉接受群众监督。

中医有一套理论，出自《黄帝内经》，说得很好："正气内存，邪不可干；邪之所凑，其气必虚。"这个理论，运用到人类社会的层面，就是一个民族，一个政党，一个国家，只要内部不出问题，别人就钻不了空子。

苏联解体、东欧和中东社会发生根本性政治剧变之后，美国"和平演变"的战略东移，这一次他们把目标瞄准了刚刚发展起来的中国。在这场政治战争中，从战略上说跟解体苏联有相似之处，但从战术上又有所不同，互联网成了主战场。现代科技将网络与现实世界组织在了一起，世界不同政治制度、不同文化和政治理念、不同价值观念对某一个国家传统意识形态的冲击，已远远大于对一个国家领土、领空、领海的直接武力威胁。

美国在互联网方面相较于中国的优势，远远超过核武器和信息化军事体系的优势。在这样的新型战争面前，中国的核武库、中国庞大的常备军将无用武之地，有劲也使不出来。苏联解体就是最好的证明。因此，这场发生在互联网上的政治之战，远比一般性国防安全面临的威胁和挑战更严峻、更复杂。如何应对防范？堡垒都是从内部被人攻破的，应对严峻复杂的政治之战，我们除了从外部加强防备，更重要地要练好内功。造就最强大国家的首要条件不在于造枪炮，而在于能够造就国民的坚定信仰。人无魂不立，军无魂不强，我的建议，就是要善于抓好"两个思想"：

一是军队的"红色"思想。强军先强心，铸剑先铸魂。强军目标的第一条是"听党指挥"，争做"四有"新一代革命军人首要的是"有灵魂"。红色基因是信仰的种子、精神的谱系，是人民军队的DNA，更是养魂、护魂、固魂的丰厚养料。让官兵弘扬优良传统，汲取红色营养，才能自觉地坚守政治灵魂，当好红色传人，真正做到坚定信念、听党指挥，做到在大是大非面前旗帜鲜明，在风浪考验面前坚如磐石，在各种诱惑面前立场坚定，在关键时刻挺身而出。

二是公民的"五和"思想。打个比方，一双筷子很容易就被人折断，13亿双筷子联合在一起，什么样的外力都难以将它们分开。中国是全世界人口最多、经济排行第二的大国，如果我们每一个中国人都能将"人心和善、家庭和睦、社会和谐、世界和平、天人和合"作为我们的奋斗目标和努力方向，那么，我们的国家就一定是强大而和谐的，绝不可能被任何敌对国家摧毁！

二、人心不平，世界不平

我们生活的这个世界，为什么战争不断？

从社会学的角度来说，是因为人要吃饭，要穿衣，要活着，要生存，要安全，要发展。

从心理学的角度来说，是因为人的心口窝里揣满了欲望。人吃饱了，还想吃好的，还想吃稀奇古怪的；人穿暖了，还想穿好的，还想穿名牌高档的。活着自然想要活好，活得好了，还想活得高人一等。

从农业用地的角度来说，是因为当前很多国家和民族，还停留在狭隘的国家主义、民族主义的斗争范畴，忙着硬实力、软实力的竞争，却忽略了和实力。

从文明的角度来说，是因为人类的道德水准还太低，没有一个能够能让世界各国都认同的"国际和平公约"，没有一个让世界各国都认同的和平信仰，缺少一个能让全人类携手并肩的和平文化。

人脸上干不干净，需要有一面镜子才能看清楚。历史就是端正国家和民族仪表的镜子，反映过去，看清现实，照亮未来。

为了避免战争，让我们从血与火的历史中，寻找美丽的和平之花吧。

1. 文明为什么总被野蛮征服

在人类的文明发展历程中，有一个十分奇特的现象：许多曾一度创造出辉煌文明的国度，却总是被一些落后且野蛮的民族征服。

比如：中国的西周、西晋、两宋及明朝，都是被北方的游牧民族灭亡。古罗马帝国毁于蛮族入侵，印度曾数次被中亚地区的游牧民族统治，挪威和英格兰曾被丹麦海盗征服，西班牙更是被穆斯林摩尔人统治了长达七百多年之久……这样的例子在历史上有很多，伟大的民族可以建造起雄伟的万里长城，却阻挡不住野蛮民族的侵扰。究竟是什么原因，使文明总是被野蛮征服？

我认为，主要有三个原因：

第一，苍蝇不叮没缝的鸡蛋。一个强大的文明，如果自身体制内部不出现问题，再野蛮的外族也不可能将其摧毁。外因是通过内因起作用的，对于中国的封建王朝与古罗马帝国来说，只有在他们自身病入膏肓时，强盗们才会有机可乘，成为压垮他们的最后一根稻草。

第二，两条腿跑不过四条腿，光脚的不怕穿鞋的。在冷兵器时代，骑兵就如同今天的装甲部队，战斗力极强。但战马只能在草原上养。农耕民族对战游牧民族，两条腿跑不过四条腿的。追不上，就打不着，只能挨打。在战术上，以打劫为目的的游牧民族同样占尽先机。强盗总是来去如风，他们有机会就抢，没机会可以等机会再抢。城镇里的文明人就没这么洒脱了，老婆孩子都在身边，跑得了和尚跑不了庙。总之，强盗是光脚的无赖，文明人是穿鞋的财主，光脚的不怕穿鞋的，打得过就打，打不过就跑，跑掉后瞄准机会，还可以回来再打。

第三，也是最重要的一点，怕死的打不过不怕死的。野蛮能征服文明的重要原因是，野蛮人不怕死，文明人怕死。实际上，这个世界上真正不怕死的人很少。表面上看，越是野蛮的民族越是作战英勇，不畏生死，实际上却恰恰相反，正是因为想要活命，他们才会拿命去拼。

当代学者曾研究过中国五千年的气候变化与游牧民族南下入侵的关系。研究结果发现，自然界的变化，尤其是气候的冷暖干湿变化，对古代农牧业文明影响巨大，甚至决定了一个王朝的兴衰。

在中国五千年历史上，曾出现过三次大幅度的降温，分别是在西周、西晋和隋唐以后。这三次降温，分别导致匈奴人攻破镐京；西晋灭亡，五胡乱华；女真、蒙古、满洲崛起，辽国、两宋和大明灭亡。当然，如果北方游牧民族南下时遇到的是一个强大稳固的政权，他们就会被打败。但气候变化是全球性的，在北方降温的同时，中原地区往往是旱灾、洪灾不断，出现大饥荒、大瘟疫，由此出现大规模的农民起义，内忧外患集中爆发，改朝换代也就难以避免。

北方草原大面积的降温，会导致成千上万的牲畜被冻死、饿死，部落里的老人、妇女和儿童因为饥饿和寒冷最先死亡。而大范围的死亡又易导致瘟疫流行，最后有机会活下来的，大多是部族里最强壮的男人。因此，游牧民族常常会在大灾之年四处掠夺，他们要为自己，为自己的部族、自己的女人和娃子找活路。

而生活在乡村和城镇里的文明人呢？没有游牧民族的侵略，他们能活得很好；有了游牧民族的入侵，他们也不一定就会死，只要能躲得过去，就一样能活。俗话说："横的怕愣的，愣的怕不要命的。"有活路的人总会盘算怎么能让自己活。结果，就出现了越有钱越怕死，越文明越软弱的现象。这就是为什么蒙古骑兵20万能横扫拥有4亿人口的欧亚大陆，清军20万能荡平拥有4亿人口的华夏大地。

中国是一个有着五千年悠久历史的文明国度，古代野蛮民族对文明民族的征服史，对于今天的中国仍有警醒意义。

一个民族、一个文明、一个国家要想长盛不衰，不仅要有创造文明的能力，更要有保卫文明的能力，文明才能长久；不仅要有道德文化，还要有领先世界的武器装备和不畏生死的意志文化。不侵略别人，也不让别人侵略，就要敢于有守土保家，将脑袋别在裤腰带上的决心。否则，就避免不了文明人创造财富，野蛮人来收割财富的历史轮回，使文明人的社会总成为野蛮人的提款机。中国被别国侵略、奴役的历史，不过才过去半个多世纪，我们必须牢记历史，警钟长鸣。

2. 人不犯我，我不犯人

"人不犯我，我不犯人。人若犯我，我必犯人。"这是伟大的政治家、军事家毛泽东主席的话。

两次世界大战，是解读战争最好的样本：你重视战争，就能防御战争；你不畏惧战争，战争就畏惧你。

第一次世界大战的爆发，正应验了中国两千多年前的一句古话："故国虽大，忘战必危。"第一次世界大战前，谁也不相信会有战争。当时，西方各国的主流媒体都很少刊发谈论战争的文章，甚至连告诫人们提防战争的文章也极少。而当战争突然降临的时候，许多人竟把投身战争当成了一次浪漫的旅行、一场豪迈的冒险。

但战争是残酷的，四年零三个月打下来，直接参战人数达两千九百多万，其中一千多万人死于战场，两千多万人受伤。受战祸波及的人口在13亿以上，约占当时世界总人口的75%。

第一次世界大战过后，欧洲变成了另一种样子，人人都好似得了"恐战症"，都害怕战争，都祈求避免战争。

当时，人们对希特勒的野心充满忧虑，英法当局一味退让，再三妥协、乞求，好像再退一步和平便能实现。但是，战争不理睬乞求，哪怕你只想忍辱苟安。对于野心家，你只有两个选择：要么下跪，要么反抗。

第二次世界大战爆发后，英国首相丘吉尔曾发表演讲说："每个人都认为，如果他能给鳄鱼足够的食物，鳄鱼就会到最后才来吃他，所有人也都希望，这场暴风雨会在吞噬他们之前便偃旗息鼓。"

英法希望希特勒去对付斯大林，自己避免战争。结果希特勒的拳头是两边打的，而且最先一拳就打到了法国。

不过还好，法国有一个伟人，他的名字叫作戴高乐。1940年6月22日，贝当政府投降，戴高乐将军迅即在伦敦发表广播声明，树立起"自由法国"的旗帜。他说："战争没有失败，国家没有灭亡，希望没有破灭。

法国万岁！"

同样，对于日本的侵略行动，美英起初也奉行"绥靖"政策。但是，"绥靖"没能满足法西斯的胃口，反而助长了日本的侵略气焰。严酷的现实破灭了和平的幻想，战争的硝烟警醒了善良的人们，一批意志坚定、直面战争的政治家登上第二次世界大战的舞台。

1941年6月22日，德国对苏联不宣而战。半年后，日军偷袭珍珠港，太平洋战争爆发，第二次世界大战全面展开。第二次世界大战中，反法西斯国家打得很苦，6年时间里，全世界先后有61个国家和地区，20亿以上的人口卷入战争，全世界伤亡人数多达1.9亿人，其中仅苏联就有2660多万人死于战火。

但最终，世界反法西斯力量还是赢了！因为在美国有罗斯福，在英国有丘吉尔，在法国有戴高乐，在中国有毛泽东！他们，都是世界人民的儿子！

从第一次世界大战初期的求战，到第二次世界大战将临的畏战、避战，直至不得已而死战，人们终于明白了一个道理：要珍惜和平，但和平不是乞求来的。

2014年12月13日，习近平主席在南京大屠杀纪念日发表讲话，他深刻地指出：历史告诉我们，和平是需要争取的，和平是需要维护的。只有人人都珍惜和平、维护和平，只有人人都记取战争的惨痛教训，和平才是有希望的。

中国人爱好和平，但是决不乞求和平；反对战争，但是决不惧怕战争。我们不需要炫耀武力，但我们必须拥有足够的敢战之力。

我们深知，最坚决的反战是备战，最常态的备战是居安思危不忘战。中国几千年来不屈的民族历史已经证明，无论是谁，不管他有多么强大，都绝不要妄想骑在中国人民的头上。人不犯我，我不犯人，这是我们的底线，也是我们的红线，谁踩谁就必须付出代价。

3. 善待历史，预防战争

每谈到"和平与发展"这个话题的时候，我就会想到德国前总理维利·勃兰特。

四十多年前，维利·勃兰特在华沙犹太人死难者纪念碑前，双腿跪下向死难者忏悔。这一"世纪之跪"，是跪向沉重的历史，是跪向包容的世界，是跪向光明的未来。跪下前，勃兰特是个罪人；站起时，勃兰特是位伟人！

一个人能够面对自己的错误，他就能够进步，这是成熟的标志。一个国家能够正视历史上自己曾经犯下的滔天罪孽，就能够避免不堪回首的历史重演，让自己赢得明天，拥有更加广阔的世界。

同样是面对历史问题，日本却作出了与德国相反的选择。人的心灵上有了霜，人的双眼也就看不清路。我看过一条新闻，有国际组织搞了一次抽样调查，向全世界64个国家的被调查者发问——"你是否愿意为国而战呢？"

调查结果让人吃惊，71%的中国人愿意为国而战，而一直不尊重历史，篡改教科书，在大搞军国主义复兴的日本，却只有11%的国民愿意为国而战，排名末尾。看来，不能正视历史的日本政府，远不如日本国民更有良知。而像安倍这样，不能正视历史，不能承担历史责任的领导，不仅不是好领导，甚至有可能成为历史的罪人。

善待历史，不仅是那些曾欠过历史血债的国家才需要做的事情，曾经在历史上吃过亏的中国，更需要重视历史。

中国人不应忘记自己曾经有多么的愚昧和无知，多么的骄傲和狂妄。我们曾自命为天朝，将其他国家都称为蛮夷，自大自满，闭关锁国。结果，我们因盲目尊大付出了沉重的代价，成为半殖民地，被奴役，沉沦了一百多年。

自 1840 年鸦片战争之后，中国陷入空前危机，屡遭列强侵略，饱受战乱之苦。无数中华儿女流血牺牲、前仆后继，经历百年浴血与抗争，新中国才得以成立。虽然我们从根本上实现了国家的独立，但过去列强入侵给中国人带来的战争创痛依然存在。

也正因如此，中国人民坚定地提出了走和平崛起的伟大复兴之路。作为世界上人口第一、经济第二的大国，世界和平离不开中国，中国的发展也需要世界和平。一个强大的、独立的、稳定的中国对全世界都好，因为这样的中国会是世界经济的稳定器，中国的市场需求，会影响到全世界的经济走向，和谐稳定的中国是维护世界和平的最大保障。

历史的教训，我们不能忘记，我们必须要牢记。我们的先人做对的事，我们要坚持继承下去，先人们做错的事，我们要勇于修正。我们更不能粉饰历史，纵容自己第二次犯错，不要等战争真的发生了，我们才后悔莫及。希望我们的文化工作者在这方面也能挑起担子，多给老百姓一些有营养的东西，足够厚重的东西。少考虑一些市场，多考虑一些责任；少一些"戏说"，多一些"正解"，让中国人通过真实的历史，了解过去、看清现实、照亮未来，让爱国主义真正在每一个中国人心中开出和平之花。

三、播种"和实力",让"和平之花"开遍世界

中国有句古话叫作"得民心者得天下"。现在的民心是什么?我们想一想,从叙利亚逃出来的难民,他们心里想什么呀?他们希望战争吗?希望动乱吗?不希望啊。他们当然希望和平,只有和平才能带来发展、稳定和幸福。一个动乱的国家、一个战争中的国家你想能发展吗?根本不能发展。所以,我们完全可以讲,全世界人民心里向往的都是和平,是发展,是合作。

和实力,是著名哲学家、国学大家张立文教授提出的概念。张立文教授是一位可敬的思想家,也是我的老师和忘年之交的挚友。张立文教授一生致力于"和合"哲学,这个概念的提出,是汲取中华民族五千年来"协万邦"、"天人和合"、"礼之用,和为贵"、"君子和而不同"等传统文化中和合智慧的精髓,是基于我国一贯地处理国与国、民族与民族问题的和平共处五项原则和我国提出建立和谐社会、和谐世界的战略思维,以及我国在一切国际争端和冲突中主张通过对话、谈判解决问题的严正立场。同时,这也是我们试图用中华民族自己的话语来概括和阐释中国和平、发展、合作、共赢的理念。

和实力是东方智慧对世界的一大贡献,是对硬实力、软实力的超越,是从整体高度看一个国家的实力,是一种综合国力,是军事、经济、文化和制度的和合,三者缺一不可。没有军事力量作为后盾,话语权就没有力量,腰杆子就不硬。没有经济作为基础,话语权的底气就不足,话语没有分量,人家不理你,等于没有话语权。没有制度的保障,军事权、经济权、话语权也无法实践。从这个意义上讲,和实力强调军事权的后盾功

能、经济权的基础作用、话语权的精神指导作用以及制度的保障作用。将四者和合起来，能够发挥其效能，促进综合国力提高。

当今世界，人心所向的是和平发展、合作共赢，不希望战争、动乱和对抗，战争和动乱对普通老百姓来说都是遭殃的。和实力是从人类的长远利益考虑，也是从人类的永续发展考虑。

同时，和实力的终极目标是营造一个和谐世界。我们现在提出建设生态文明，实现"美丽中国"，就是朝着这个目标努力。

当然，世界是中国的，更是大家的，属于全人类，属于每一个国家。我们生活的这个地球，有 193 个国家、31 个地区。正是这 224 个国家和地区，决定了世界和平。所以说，世界是否和平，关键要看每一个国家是否具有和实力。在全球一体化的时代，一个国家的灾难，可能成为全世界的不幸；一个国家的崛起，也同样可能带给全世界新的机遇。一个国家若想影响世界，还是要先练好内功才行——打铁先要自身硬。

说到这里，我们可以完美地画一个圆了。再度回到人心和善，回到"五颗种子"上来，谈论世界和平。

世界由国家组成，国家由社会组成，社会由家庭组成，家庭由人组成。所以，世界和平，离不开社会和谐，离不开家庭和睦，离不开人心和善。而人心，又好比是一片空白的土地，我们可以在上边种下人心和善的五颗"种子"，它们分别是底线、责任、诚信、教养、常识。这五颗种子发芽生长了，经过精心培育，就会成长为"家庭和睦"的五棵"小苗"，分别是相信、相重、相让、相敬、相爱。"小苗"在和睦的家庭中苗壮生长，成为社会和谐的五棵"大树"，分别是公心、公开、公平、公正和公民，如今又开出了世界和平的五朵"鲜花"，分别是安全、平等、尊重、合作、共赢。

1. 安全：文化"心防"，从五节开始

中华民族历来热爱和平、追求和平，但要维护和平，首先得自己足够强大和安全。人的生存，不只需要物质力量，也需要精神力量。对一个国家来说，也是如此。

国土安全、能源安全、经济安全、国防安全，是一个国家保障人民安全的物质力量，而文化安全，则是一个国家保障民族灵魂的精神力量。有时候，精神武器比真实武器更管用，最可怕的进攻是攻心。

在全球化时代，一个国家若想影响世界，经济强大、军事强大固然重要，但最重要的还是文化上的强大。得人心者得天下。靠什么得人心？子弹、金钱都不靠谱，最终还是靠文化。因此，重视文化的安全建设，加强中国人的文化"心防"，是国防建设的第一要务，也是国家安全的重要保障。

第二次世界大战后，美国等西方发达国家战略发生了三次转折：冷战时期奉行的是军事帝国主义，苏联解体后奉行的是经济帝国主义，2000年以后奉行的是文化帝国主义。对于一个国家的安全来说，构成主要威胁的并非是来自外部的军事侵略，而是来自外国的文化入侵。思想、观念和言论，比飞机、导弹和坦克推进得更快、更深入。

文化入侵，对于普通中国人来说就在身边，好莱坞大片就是最好的例子。"钢铁侠"、"蝙蝠侠"、"蜘蛛侠"、"变形金刚"、"阿凡达"、"美国队长"……这些美国的银幕英雄，中国的青少年没有不熟悉、不喜欢的。2015年美国动作大片《速度与激情7》的中国票房创下24亿元的天文数字，而同档期的国产动作大片《战狼》票房仅有5亿元，这中间的巨大差别，不得不让人担忧。

　　美国电影里的超级英雄，张扬的都是"美国拯救天下"的个人英雄主义，甚至传递着"美国高于一切"的霸权理念，让许多国家都感到担忧。英国、德国、法国、俄罗斯等欧洲国家，都在积极扶持本国的电影产业。在亚洲，好莱坞电影的日子在中国是最好过的。日本每年十大票房电影都被国产电影所垄断；在韩国，20 年前政府就拿出专项资金扶持本国电影业，"把美国佬的电影赶出去"的口号时常出现，近年来，韩国导演、演员已经进军好莱坞，为美国人拍具有韩国元素的电影；在印度，好莱坞电影更是受到严重的挑战，好莱坞出品的大量充满印度元素的歌舞电影，不仅深受本国人民喜爱，还进入到了全球影迷的视线……

　　什么是文化软实力呢？当一个中国的年轻人迷恋美国大片的软实力时，就会对美国产生亲近感，进而反感生他养他的祖国。2011 年，当美国大片《阿凡达》与国产大片《孔子》同期上映时，那些被《阿凡达》的3D 效果折服，转而质疑甚至谩骂《孔子》的中国影迷，是否已经意识到自己已"中招"？是否感受到了美国文化的入侵呢？

　　文化入侵，还体现在越来越火的洋节日上。2 月 14 日的情人节，是中国年轻人必过的隆重节日，而中国传统的"七夕情人节"却是冷冷清清。很多根本不了解耶稣的中国人，过圣诞节时比基督徒还起劲，连复活节有什么意义都不懂的中国人，竟喜欢在复活节招呼朋友吃火鸡……

　　近代以来，中国人落后了、被欺负了，于是，对"洋气"这个词有了偏好，认为沾点"洋气"就去掉了土气，其实是更土。我们过洋节日，有人说这是跟世界接轨，我觉得这是最无耻的理由。诚然，"跟世界接轨"说明中国进步了，但要搞清这个接轨的标准是什么，是跟"世界"，而不是跟美国或者西方。在大多数中国人眼里，其实美国的标准就是世界的标准。假使我们这样认为，那么美国会更加坚定地这样认为。

节日是一种文化，我们过就过了，瞎热闹一把，结束后该干啥干啥去，对于我们个人，好像没什么影响。但是，文化入侵比其他的任何侵略都可怕，学他们的语言、过他们的节日，最后，我们的后代会继承这一切后果，他们不再知道五千年的中国文化，不知道自己的祖先，不知道民族节日的传统意义。

美国前总统尼克松写过一本书叫《1999不战而胜》，在那本书的最后部分，有这么一句话："当有一天，中国的年轻人已经不再相信他们老祖宗的教导和他们的传统文化，我们美国人就不战而胜了……"说到这句话，我就想到我们在升国旗的时候唱的"中华民族到了最危险的时候"，我们的文化，真的到了最危险的时候了。

中国人为什么一定要弘扬自己的传统文化，不弘扬西方文化，不弘扬印度文化，不弘扬伊斯兰文化？因为我们是中国人。文化是历史经验的积累，各种优秀的文化，本质上都有借鉴学习的地方，但是文化是一个国家和民族独一无二的灵魂，一个国家和民族没有了自己的文化，就只能被其他民族同化。中国人，不完善发展本国文化，难道要去发展美国文化、英国文化吗？

当下中国，虽然西方文化入侵，但中国文化依然坚挺。春节，就是最有力的证明。中国人过春节，从来都是红红火火、普天同庆，领导搞团拜，企业发红包，百姓走亲戚，海外的华人也一样吃饺子看春晚，四海之内，只要有中国人的地方，就是一幅"天下大和"的繁华盛景。拥有几千年悠久历史的春节，靠什么力量牵动着13亿中国人？"回家过年"的力量为什么势不可当？一句话，这是传统的力量，文化的力量，"和"的力量。

但是，同样是传统节日，清明、端午、中秋、重阳，却远没有春节那么风光。我在这里，提一个小小的建议：国家能不能将春节、清明、端午、中秋、重阳五个传统节日有机地结合起来，在"和合"文化的大主题下，形成各自的风格和特色——春节是团圆节，家和万事兴，有钱没钱，回家过年，将中国传统的家国文化落实到具体的生活中，让天下的华人在过春节的时候，树立家庭观、家族观、国家观，无论何时，无论走到哪里，都记得自己是一个中国人；清明是祭祖节，不仅要追思先祖，更要祭祀先烈，无论是国家还是个人，都要有真正内容、意义和仪式的追思，不能走过场，要真正从先烈身上学习舍身报国的红色精神；端午是爱国节，缅怀爱国诗人屈原，要学习中国古人"先天下之忧而忧，后天下之乐而乐"的爱国思想，学习中国古人"为天地立心，为生民立命，为往圣继绝学，为万世开太平"的公天下精神；中秋是感恩节，"但愿人长久，千里共婵娟"，我们要学会感恩生活不忘本，感恩亲人，感恩朋友，感恩社会；重阳是长寿节，百善孝为先，中国人是最重孝道的民族，通过重阳节，向全社会宣传孝、弘扬孝、践行孝。另外，中国已进入老龄社会，生命在于运动，健康才能长寿，我们还要通过重阳节，倡导全民健康的生活方式。

国家文化安全建设很宏观，也很具体，需要国家的战略部署，也需要全民的共同努力；宏观的方面，国家可以做战略部置，但具体的东西，还需要每一个中国人都来参与。我们可以先从传统节日入手，从每一个中国人看得见、够得着、记得住、做得到的事情入手。

国家大力倡导，全民共同参与，一方面将这五个传统节日主题化、多样化、丰富化、鲜明化、普及化，让中国人懂得爱家、爱国、无私、感恩和尽孝。另一方面，又将这五个节日通过"和合"的力量凝聚在一起，鼓舞中国人去追求人心和善、家庭和睦、社会和谐、世界和平、天人和合。

2. 独立：别打着"人权"的旗号干涉主权

一个国家必须独立自主，这是尊严，别国无权干涉，只能友好建议。而一个国家的独立，最重要的标准，是主权不受干涉。

但是，偏偏一些西方国家就喜欢打着"人权"的旗号，干涉他国内政，制造令世界不稳定的因素。

伊拉克的危机是怎么来的？就是在"9·11"以后，小布什让中东都来搞民主试验，想把中东变成西方价值观的一个试验场。最后没搞定，奥巴马上台之后美军就撤了。

美军折腾完走人了，却把烂摊子留给了伊拉克，留给了世界，使伊拉克面临两个难题：第一个是地区强人萨达姆被美国人吊死了，伊拉克国内失去了凝聚力，必然分裂；第二个则是美国人的入侵，催生了一些宗教极端组织，自杀式袭击天天都在上演，让当地平民随时都可能遭遇"生死一瞬"。

还有乌克兰内乱，也是个高举人权旗号，干涉他国主权的例子。本来乌克兰就比较混乱，他国再一干涉，就是乱上添乱。现在，吃亏最大的是乌克兰，美国的干涉让乌克兰把克里米亚给丢了，而且东部的地区武装和基辅的中央政权一直处于对峙的状态。

几十年来，西方国家也经常拿人权问题说事，干涉中国内政。

西方国家对中国的人权问题，一直充满了傲慢与偏见。比如2015的"世界人权日"，尽管美国因多名黑人被警察枪杀和遭遇监狱酷刑饱受全世界的指责，美国国务卿克里和美驻华大使鲍卡斯仍然盛气凌人地发表声明，"对中国人权状况表示关切"。而中国外交部则轻描淡写地回应，"没有任何国家在人权问题上十全十美，中国不做别国的'教师爷'"。

在这里，我暂且不讨论西方国家在人权问题上的双重标准，就光关于中国的人权，试问一下：全世界61个发达国家，养活了12.9亿人口，而中国一个国家就养活了13.7亿人口，谁能跟中国比？比什么？比对人类的贡献，从生存生活的角度上讲，中国对人类的贡献，是61个发达国家的总和，难道还不应给中国点个赞吗？

改革开放三十余年，中国政府靠自力更生，让6亿人口摆脱贫困，保障了人民的生存权和发展权，这难道不是最大的人权吗？如果一个人连生存权和发展权都没有得到保障，还谈得上西方国家鼓吹的"民主"、"平等"吗？

中国是一个有着五千年文明历史的国家，是全世界唯一没有文化断层的国家，任何外来文明到中国都是被兼容并蓄，何况美国只有区区300年的历史。美国的人权标准，只有与中国的国情相结合，解决中国人民最关心、最直接、最现实的权益问题，才是真正的尊重人权。

在人权问题上，作为中国人，我们一定要有自信，中国改善人权不是迫于西方的干涉，不是要做给谁看和证明给谁看，而是一步步，按自己的方式办好自己的事，为中国人自己谋福祉。

中国的人权进步，世界各国有目共睹。中国人，从来没有像现在这样富足，离民族复兴如此的近。

3. 尊重：大国讲良知，小国讲道义

大国小国都是国，世界要和平，无论大国小国，都要相互尊重。大国要讲良知，小国要讲道义。世界上的小国、弱国不好，大国也好不到哪里去。

大国对于世界的作用，小国无法比拟。美国华尔街的股市打个喷嚏，

全球金融市场就要重感冒；俄罗斯的经济濒临破产，欧亚大陆就会不太平；中国社会安定、经济稳定，世界各国就都能从中国获得利润，得到好处。

大国与小国的博弈，就好像猎狗捕食兔子一样。猎狗只需要尽力，兔子却要拼命。猎狗抓兔子，只是为了一顿饭，抓不到这只兔子，可以去抓另一只兔子，但对于兔子来说，一旦被抓就意味着死亡。

比方说，美国与朝鲜的对峙，美国人考虑的是利益得失，但金正恩必须得考虑国家存亡和自己的脑袋。老布什在任期间执政出错了，美国人可以换小布什，小布什又出错了，美国人可以换奥巴马。而萨达姆死了，死了就是死了；卡扎菲死了，死了就是死了；本·拉登死了，没人可以替换。

大国一怒，血流成河，国破家亡。大国的良知，决定世界的未来。但是反过来，兔子被逼急了还会咬人，如果一个大国只讲唯我独尊，只讲霸权，不给小国活路，走投无路的小国就会不讲道义，用同归于尽的方式，绝地反击。"9·11"事件、阿富汗战争、伊拉克战争……太多的流血悲剧证明，即使是拥有世界第一的军事力量和经济实力的头号霸主美国，也摆不平区区中东一个贫困小国或者组织。试想一下，如果美国真把朝鲜逼急了，金正恩不讲道义，扔下了一颗核弹，世界还会有和平吗？因此，小国的道义，同样也影响着世界和平。

讲完美国与其他小国，再回到中美关系。

什么是世界发展大势？概括地说，就是世界经济和文化正趋于一体化，但世界政局正在走向多极化。经济的一体化是工业全球化、科技全球化、经济全球化的必然，世界各国你中有我，我中有你。文化的一体化，是国与国交往，以及大国崛起后由文化吸力导致的必然，如汉、唐、两宋对日本的影响，明代对朝鲜的影响。而世界政局的多极化，则是中国、欧洲等国发展的必然。

在过去一百年里，世界只有美国的声音，美国是整个世界体系的主导力量。但是，进入互联网时代之后，世界走向了多极化，大国小国都有发出自己声音的渠道和自由，多极化世界的行为准则是平等尊重，分担责任和分享权力。显然，要"一家独霸"的美国来承认与世界其他国家的平等地位，它暂时还难以适应。

因此，当中国迅速崛起，美国就把中国当成了主要威胁。尽管中国崛起并没有威胁美国本身，但推进了世界多极化的进程，撼动了美国所主导的全球秩序。因此，无论中国如何解释和平崛起、强而不霸，都难免被视为美国的竞争对手。明白了这一点，就找到了中美关系的症结——接受还是排斥世界的多极化趋势。

大势难违，美国只有承认多极世界，才会真正接受中国的复兴，中美才有了平等相处的基础。不然，就会冲突不断、渐行渐远。

与此同时，中国要有战略定力，耐心等待美国态度的转变。对中国来说，不要高估了自身的能力，要理性看待国家的崛起，要用望远镜看，也要用显微镜看。尽管中国已成世界第二大经济体，但中国大陆的人均GDP仍居世界第86位，无论多么辉煌的数目，只要除以13.7亿，都会变得微乎其微，这就是中国的国情。

中国不要被发展冲昏头脑，要明确自己在国际中的目标地位。这就是：和平崛起、强而不霸，当好多极化世界中的一员。做到这样，中美双方才能消除焦虑，减少对抗，保持淡定。

其实，美国应该看到，中国的和平崛起，是在为世界减轻负担，解决障碍，难道世界喜欢一个13亿人吃不饱、穿不暖的中国？

世界和平，需要大国的良知。一个经济第一的发达国家，一个人口第一的发展中国家，只有携起手来，共同发展，才能为世界谋福利，为地球护和平。

4. 合作："一带一路"，让和文化先行

在中国古代，丝绸之路诉说着沿途各国人民友好往来、互利互惠的动人故事。如今，新的战略构想——"丝绸之路经济带"和"21世纪海上丝绸之路"，开启了中国和平崛起的新篇章，共筑世界和平新浪潮。

2015年是世界反法西斯战争暨中国人民抗日战争胜利70周年，是联合国成立70周年，是万隆会议召开60周年，也是东盟共同体建成之年。在这样一个特别的历史时刻，中国政府推出的国家战略"一带一路"值得深入探究。

在清朝乾隆时期，中国GDP占全球的1/4。20世纪初，这个数字一度跌到3%。到今天，中国正向全球第一大经济体迈进。从一个大历史观来看，中国不是崛起，也不是二次崛起，而是复兴。在这个复兴的过程中，如果说中国正在重新塑造世界秩序，那"一带一路"所追求的是一个与现状不同的多元秩序，这个秩序与千年的经济和文明连接。

回顾中国历史，在我们的盛世中，总有一个标志性的现象，那就是贸易的繁荣。从汉朝张骞出使西域到两宋的远洋舰队，海陆两条丝绸之路把中国的丝绸、茶叶、瓷器等输往沿途各国，带去了文明和友好，赢得了各国人民的赞誉和喜爱。

如今，随着经济的崛起和腾飞，中国在更多方面都有能力帮助别国。如果说古代丝绸之路是以贸易推动文明的交流，那么今天的"一带一路"则是以投资带动贸易，继而推动文化的融合。截至目前，已经有60多个

国家和国际组织积极响应"一带一路"战略构想。这些国家的总人口约
44 亿，经济总量约 21 万亿美元，分别约占全球的 63% 和 29%。在这条
经济走廊上，中国与沿线国家的贸易额占到总额的 1/4，未来 10 年这个数
字有可能翻一番。一端连接发达的欧洲经济圈，另一端是极具活力的东亚
经济圈，这条洲际经济通道不仅可以带动中亚、西亚、南亚以及东南亚的
发展，还将辐射非洲。"一带一路"有可能成为世界上跨度最长的洲际经
济大走廊。

重温丝绸之路并非留恋历史，而是寻找未来。"一带一路"的建设，
很可能是人类历史上第一次不伴随着军事霸权而进行的将对世界经济新秩
序产生影响的活动。

因此，"一带一路"最大的魅力，不仅仅在于有多少投资和利润，更
重要的是它能够给世界带来一股新的和平浪潮，促进国与国之间的文化交
流、经济繁荣、平等互利、合作共赢，成为未来世界和平秩序的另一条
主轴。

"一带一路"的建设，既是中国经济对外发展的重大举措，也是中国
文化走向世界的历史机遇。目前，"一带一路"的金融支撑已经形成，中
国有实力的大型企业以及即将在 2015 年年底正式运营的"亚投行"，一定
会坚定新丝路各国人民的信心。

但是，"一带一路"沿途涉及的国家众多，贫富落差巨大，宗教信仰
多元，政治形态不一，我们一定要清醒地认识到新丝绸之路的建设是一个
长期、复杂而系统的任务，不是三两年、十年八年就能实现的，要做好起
码大干三十年的准备。不要头脑发热拍脑袋，意气用事拍胸脯，最后虎头
蛇尾拍屁股走人。

俗话说："兵马未动，粮草先行。"物质的"粮草"已经开动了，以中信、

中铁等为代表的中国大型企业已经开打前锋，而即将在 2015 年年底正式运营的"亚投行"，更是为"一带一路"沿途各国人民注入了信心。但精神的"粮草"似乎稍有滞后。而我认为，建设"一带一路"，应该文化先行，以和为贵，以和为主，以和为先，投入要大，立意要深，步伐要稳。

我建议新丝绸之路的和文化建设，要遵守三条原则：

第一，辩证地对待传统文化。中国古代的丝绸之路，之所以能成为人类文明史上的灿烂文化，与中国传统和文化密不可分。当今，我们要重建新丝绸之路的文化，必须站在中国古人的肩膀上，一方面要汲取中国古人"协和万邦"的思想，以贸易、交流的手段，促进各国和平发展；另一方面要避免中国古代以天朝大国自居的心态，以尊重、平等的态度，与各国共同发展。

第二，以新时代的视角对待传统文化。时代在变化，人心在变化，世界在变化，我们要重建新丝绸之路的文化，必须与时俱进。一方面我们要立足中国文化看世界，也要立足世界文化看中国，积极发挥和文化的包容力和牵引力。在传播传统文化时，不要带着大国传统的优越感，避免文化单方向的传播；另一方面，我们要充分发挥和文化的包容性和整合能力，吸收其他民族文化的精髓，来充实丰富我们的文化。这不但能促进与合作国家的互信，也对中华文化的发扬光大极有助益。

第三，以稳定的步伐建设和文化。"一带一路"的建设是一个长期艰巨的任务，我们急不得，也慢不得，不能靠心血来潮，要有系统、有步骤地进行建设。我们要对"一带一路"的文化建设制订科学可行的实施规划，逐步实现所有参与国人民"心手相连"。我们不仅应该主动开展文化交流，还需要制订一个长期推动这项工作的大战略，让我们的文化交流工作能以主动、自觉、积极的姿态，长期伴随我国和各国间的商贸互动，让"一带一路"不仅成为经贸交流之路，更成为文化交流之路、文明共生之路。

5. 共赢：远亲近邻，和善包容

曾几何时，面对战争，"善良"这个词显得空洞无力，强国的标志就是扩张与征服——国强必霸。

但今非昔比，地球被贸易变小了，被科技变小了，被网络变小了，被手机变小了，被 WIFI 变小了；被不断提速的飞机变小了，被不断提速的高铁变小了，被不断提速的运输变小了……各国之间的经济、文化相互渗透，信基督教的也会拿筷子吃中餐了，讲儒学的也能用刀叉切牛排了。大国小国、大家小家，你中有我，我中有你。

今天，互联网和大数据已经把全世界的人类都连接在了一起，美国的内幕丑闻，不消两分钟就可以传遍中国的大街小巷。

在新的时代，善待他国，就是在善待自己；与邻为善，就是在为本国人民谋求福利。合则两利，斗则俱伤。在互扔原子弹的战争中不会有赢家，只能是双输。携起手来，有话好好说，互通有无，才能创造出资源互补的共赢、科技互补的共赢、文化互补的共赢、信息互补的共赢、贸易协作的共赢。

我缺石油，你缺粮食，我们有话好好说；我能造卫星，你能造火箭，我们有话好好说；你讲自由民主，我讲求同存异，我们有话好好说；你发现了战胜癌症的基因，我绘制出了月球全貌，我们有话好好说；你撤销了进口限制，我降低了进口关税，我们有话好好说。

一个共赢的时代已在我们面前敞开大门，就看我们是否有足够的勇气向前迈出一步。

如今，一根网线就能让万水千山的距离化作咫尺天涯的面对面。曾经的远亲，统统变成了近邻。况且远亲不如近邻，近邻不如对门，邻居可以选择，邻国却不可以选择。

在全球化时代，有了金融的一体化、信息的一体化，还需要一个文化一体化，才能让全人类都能心连心，让不同民族、不同肤色、不同信仰的人们都能手牵手。这个历史的重任，西方的自由思想担负不起来。因为西方的自由民主要维护商品流通，要讲差额利润，在客观上需要国与国的隔阂。这个历史责任，只有"讲和善，讲包容"，具有天人观，讲"和而不同"，讲"求同存异"，讲"将心比心"，讲"天人合一"的东方中国文化能挑得起，放得下。只有中国文化才能让世界同唱一首歌。

怎样才能维护今天的世界和平？这个问题我思索过很久，最后发现：只有人心讲和善，世界才能讲和平。

世界看起来那么大、那么复杂，其实细想起来既不大也不复杂：如果按性别来分，只有男人和女人；按财富来分，只有穷人和富人；按道德来分，只有好人和坏人。无论是男人女人、穷人富人还是好人坏人，没有人愿意白白流血送命，所以，和平是世界人民的共同心声。

我再结合"五和"文化，针对"世界和平"提出世界要讲"五善"的观点，即我前文提到的：国与国之间，要善良和气；国家内部，要善抓思想；对待外辱，要善用武力；对待世界责任，要善待历史；维护国际秩序，要善于创新。将这五点归结到一起，就是：对他国，讲将心比心；对本国，讲道德良心；对挑衅者，讲敢战不屈；对历史，讲尊重负责；对世界，讲包容和合。

如今世界有二百多个国家和地区，几乎每个国家都有自己的国歌，而地球只有一个，我们需要一首"世界之歌"。相信我们中国有智慧、有经验、有能力，也有责任谱写一首"世界五和之歌"，并且担当领唱。因为"五和"文化超越了国界、种族、宗教，是地球上所有人、所有国家都能接受并衷心拥戴的。

当中国开始领唱"五和世界"的旋律时，相信全人类都将用心聆听，齐声合唱，携手走向人类美好的明天。

第五章

天人和合：
实现中国梦的终极目标

什么是天？天，就是大自然。什么是人？人，就是自我创造的和合存在。

什么是"天人和合"？天人和合，就是人与自然，人与万物，互相理解，结成友谊，和合共存。

天人和合，始于"善"，而止于"和"，是由人心和善诞出的五颗"种子"，由家庭和睦培育出的五棵"小苗"，是和谐社会中生长出的五棵"大树"，是使世界和平的五朵"金花"，是五颗象征着人类智慧的金色果实；是敬畏、是因果、是顺应、是相融、是共生；是道生一，一生二，二生三，三生万物；是中华先贤对世界文明的巨大贡献，是拯救地球母亲的治病良方，是实现"中国梦"的终极目标。

试想一下，人类能离开空气吗？人类能不吃不喝吗？人类能拔着自己的头发集体离开地球吗？人类都不能。

假如有一天，我们有钱了，但却喝着肮脏的水，呼吸着污浊的空气，吃着带毒的粮食。那么，我们的身体能健康吗？我们能有精力去充实精神世界吗？我们能生活幸福吗？

地球能够满足人类的需求，却满足不了人类的欲求。

天文学家说过：地球已有 45.5 亿岁了。

古人类学也说过：现代人类的共祖只能追溯到 15 万年前的非洲。

如果把地球的年龄比作是一天 24 小时，人类其实才刚刚出生 1 秒钟。可恰恰就在这 1 秒钟内，人类已经彻底改变了地球用 45.5 亿年形成的地质地貌。

因为人类的活动，天空愤怒了——雾霾笼罩苍穹，酸雨腐蚀大地，全球气候变暖，海平面不断上升。

因为人类的活动，大地愤怒了——耕地、草场退化为荒漠，地震、火山引发的灾难成几何数字倍增。

因为人类的活动，地表水系愤怒了——江河枯竭，湖泊发臭，洪水泛滥，城市内涝，许多乡村都面临着吃水难题，许多人口过百万的城市都经常出现水荒。

因为人类的活动，山峦愤怒了——树木被砍光了，丘陵被挖空了，山体滑坡、泥石流灾害频发。

因为人类的活动，自然万物都在愤怒——人类的生命变得脆弱了，动物的生命变得脆弱了，植物的生命变得脆弱了，地球上，每时每刻都有物种在消失。

天空的愤怒、大地的愤怒、水源的愤怒、山峦的愤怒、生命的愤怒——这，就是我归纳出的"五怒"，是造成天人失和的五大因素。

我们只有一个地球，生态没有国界，天灾不分贫富，病毒不认种族。如今，地球母亲已经向我们亮出了黄牌，我们拿什么来拯救我们的家园呢？

我的回答是——天灾多源自人祸，人祸多源自心结。心中多一份爱，世界就多一片绿；心中多一份和善，世界就少一些灾难。

"五和"文化，天人和合——就是愿我们都将心比心，都能从自己做起，去尊重自然，去拥抱自然，用"和"的语言、心的声音，还天空蓝天白云，还大地鸟语花香，还江河碧波荡漾，还群山郁郁葱葱，令万物繁衍生息，为子孙后代留下天蓝、地绿、水清的生产生活环境，使我们逐渐走向社会主义生态文明新时代。

一、家园之殇：只有一个地球

人类是有福的，在美丽的地球上生存，与多种多样的动植物相融共生，享用着阳光、空气、水源，无时无刻不在得到大自然给予我们的恩惠；人类又是那么的不惜福，无时无刻不在伸出双手向大自然索取，不停地在喊着："要！要！要！"

年复一年，为了生活，为了享乐，为了煤炭，为了石油，为了金银珠宝，为了象牙，为了裘皮，甚至为了吃货们的那一点"口福"——人们嘴不积德，下手无情，美丽的地球已千疮百孔。

如今，天在怒，风在吼，大地在颤抖，江河在咆哮，地球已经向人类亮出了黄牌……

1. 天空的愤怒：人有病，天知道

提起空气，就要说到大气污染。一般人会觉得听到矿山的炮响才叫污染，看到工厂的烟筒才叫污染，从来没有想到过我们每天看到的天空就是污染。现在，全中国的老人和小孩都很熟悉什么叫"PM2.5"，知道颗粒物是人类的一级致癌物。

同在一片天空下，呼吸是没有办法选择的，也没有办法逃避，不管你是富人还是穷人，是官员还是百姓，你的每一次呼吸都可能是致命的，因为"PM2.5"就在那里，在我们的身边。

这是一场用肉眼看不见的战争。在这场战争中，最脆弱和最容易受到伤害的就是老人和孩子，就是我们的父母、我们的子女。

这场战争是工业革命的产物，从20世纪一直战斗到现在，从西方打到东方，从欧洲波及美洲，如今又成为了13.7亿中国人的战斗。

我曾去过一些城市，见过一些孩子，他们一出生就患有呼吸道疾病，这是从娘胎里带来的，是遗传，是悲剧，其罪魁祸首正是被我们亲手污染的天空。

大气污染从何而来？工业燃烧、家庭燃煤、汽车尾气、化工生产中的有毒气体释放、植被破坏后的扬尘……绝大部分，都跟我们的自身行为有关。过去30年，我们为了金山银山，牺牲了绿水青山。如今，我们已经得到了果报，超过2/3的省市、超过7亿的人口，深受雾霾之苦。每年，因为大气污染死亡的人数起码有50万人。

我们总能听到一种声音，说中国还是个发展中国家，对于一个还拥有2亿多贫困人口的国家来说，谈环保，实在是太奢侈了。

但现实又是怎样的呢？往往受污染最严重的地方就是最穷的地方，那里的人们最容易受到伤害，他们最需要发出声音，他们最需要得到帮助，因为他们是最脆弱的，是对天灾人祸最缺乏防范能力的一群人。

另外，人类的行为不仅影响到空气质量，同时也在加速改变着地球的气候环境，使全球气温加速变暖。

根据联合国的一份报告显示，2014年全球性的极端气候已导致2600万人背井离乡。这个数字，是直接因战争沦为难民的人数的4倍。生态难民，已成为全世界最新最大的难民群体，是一个不容忽视的国际性问题。

如意大利水城威尼斯、"人间天堂"马尔代夫、印度的恒河三角洲地区，都面临着从地球上消失的命运。全球变暖，海平面不断上涨，江河泛滥，冲毁房屋，淹没道路和田地……

在气候灾难面前，地球的屋脊青藏高原也不能幸免。冰川不断融化，每年都会造成大面积雪崩，摧毁数以万亩计的牧场，致使大量的牧民沦为低保户。

南太平洋岛国图瓦卢是世界第二小的国家，如今，上涨的海水随时会吞没图瓦卢，大部分国民已迁移到了新西兰。2009年，哥本哈根全球气候大会上，当发达国家都在为各自的利益争得面红耳赤时，图瓦卢代表的发言却让所有与会者都沉默了，他哽咽地说："早晨起床的时候，我在哭，这对于一个男人而言，并不那么容易，但我知道，我们国家的命运掌握在你们手里。"

公平地说，气候变化是一种自然现象。地球绕着太阳跑，每时每刻都要受太阳的影响。从地球的运行轨迹、运行角度，到地球的形状，45.5亿年里，每1分，每1秒，都在不停地变化。历史上，地球曾发生过五次物种大灭绝现象，且都和气候变化有关。

但，人类的活动的确在使气候变化加速。近三百年来，人类排放的温室气体不断提升，达到了过去八十万年以来的最高水平。最严重的是从1970年至今的四十多年的时间里，排放的温室气体比过去两百年还多，于是一个个像图瓦卢这样的小国成为了全球气候变化的第一批受害者。

人有病，天知道。天灾多是人祸，人祸都源自心病。老天爷正在用天灾警示我们，惩罚我们。

在对待自然的态度上，现在不会有人公开赞成掠夺性的强盗行径了。但是，同为主张善待自然，出发点仍有很大分歧。一派强调以人类为中心，人缺水，所以要修水坝；人要居住，所以要建高楼大厦；人要出行方便，所以要修高速公路。另一派强调以生态为中心，认为人不应该为了自己舒服，随意去改变自然，破坏自然，而应该顺应自然，保护自然。

以人为本，还是以生态为本？这个问题，在主张"天人和合"的中国古人来看，是一个不成问题的问题。中国古代科学技术的昌盛繁荣是世界公认的，但中国古人很"知趣"，知道"天命不可违"，知道"谋事在人，成事在天"的道理，所以主张"天人和合"、"中庸之道"。

自古以来，中国就是一个自然灾害频发的国家，老祖宗以无数生命和鲜血为代价，与大自然达成了相融共生的默契关系。大禹治水，李冰父子修都江堰，更有遍布大小城镇和村寨的地理术士们，"仰观天象，附察地形"，以山水为本，依山龙水神，求安宁和谐之居。

在云南哀牢山中，分布着一个古老的水稻民族——哈尼族。在这里，海拔 2000 米之上是世代保护的丛林，高山截流了来自印度洋的暖湿气流，云雾弥漫，是属于"神"的"龙山"；中部是属于人居住的场所，海拔在 1500—2000 米之间，来自"龙山"的甘泉，流淌过各家各户的门前，涤尽生活垃圾和牲畜粪便，灌溉下部的梯田；寨子以下则是层层的梯田，那是属于人与自然和谐共处的成果。在天地——人——神的关系中，人获得了安栖之地。

早期西方传教士们对盛行于中国的巫风卜水十分憎恶，但对风水术士造就的大地景观却大为感叹："在中国人的心灵深处必充满着诗意。"20 世纪初，德国飞行员伯叙曼在华夏上空飞行考察 3 年后，用"充满诗情画意的中国"来描绘和赞美。

天，就是大自然；人，就是人类；天人和合，就是天和人互相理解，结成友谊。"天人和合"代表中国古代哲学主要基调的思想，是一个非常伟大的、含义异常深远的思想，不仅是中国智慧，亦是东方智慧的最高、最完整的体现，更是中国古人对人类思想宝库的巨大贡献。

2. 大地的愤怒：三分灾害，七分人祸

大地的愤怒，是一种自然现象，是地震，是火山爆发。

目前，科学家还不能精准地预测出地震的爆发时间，但地震造成的灾害是可防可控的。因为地震不过几秒钟，一阵横波、一阵纵波，就完事了，大地摇两下子，是不能杀死人的。地震中，杀死人的是滚落的山石，是倒塌的建筑或树木。

2008 年，中国汶川地震，死亡 69227 人，失踪 17923 人。事后，一位灾民回忆说："那时的楼房建得很差，钢筋少，水泥也不行，一震就垮。"世界经济论坛曾对各国基础设施质量进行打分，在上榜的全球 144 个国家中，日本列第 16 位，中国列第 69 位，尼泊尔列第 98 位。这就是为什么地震时，尼泊尔、中国的死伤人数都会大于日本。

那么，是什么原因让中国的建筑物质量这么差呢？

一是，历史欠账太多。过去我们穷，吃都吃不上，有个窝住就不错了。没钱建好房子，也没精力盖好房子。

二是，我们的发展观有问题，没文化，不讲科学。我们的老祖宗在建房子的时候，讲风水，看地理，躲开悬崖峭壁，给水让路，不与大自然争利，尽量趋吉避祸。

今天一栋栋高楼拔地而起，城市发展超速，人口高度集中，加上我

们用三十年的时间，走完了西方国家三百年的发展道路，许多人只顾眼前利益，忽视长远利益，只重视钱，不重视建筑质量，于是出现了"楼歪歪"、"楼脆脆"、"楼薄薄"等豆腐渣工程。

三是，我们公民的防灾素质不高，我们的社会教育有问题。

在汶川地震中，有这样一件真实的案例："5·12"地震中，叶志平担任校长的桑枣中学，有90多位教师、2200名学生，地震时全校师生用时1分36秒，全部冲到了操场，竟无一伤亡！

事后，人们才了解到，桑枣中学教学楼的建筑质量很差，大楼颤颤巍巍，楼梯栏杆摇摇晃晃，承重柱根本不合标准。为保证学校师生的安全，叶校长四处筹资，先后三次对教学大楼进行加固。同时，叶校长每学期都要组织一次紧急疏散演习，要求疏散时学生必须走单行，走固定路线。据说，汶川地震时叶校长正在绵阳。他知道地震后疯了似的冲回学校，当他看到学校里的八栋教学楼全部坍塌，而学生老师无一伤亡时，55岁的他，哭得像一个孩子。

谈到这里，我想讲一讲当下防灾救灾的奖罚机制。我们现在把好多观念都弄反了，比方说，某林场场长平时不重视防火工作，结果发生了火灾，场长亲自指挥大伙儿把火扑灭了，结果呢，人员伤亡，山林受损。不过，这时舆论重视了，上级重视了，为了把坏事变好事，于是上面就抓典型，把一个平时不尽职的场长树成了英雄，立大功，受大奖，破格提升重用。而另一座林场的场长呢，坚持防火第一，安全第一，常抓不懈，常年不发生火灾，结果呢，没有舆论关注，没有上级重视，一辈子默默无闻。你来评评，这两个场长到底应该表扬谁，奖励谁？

又比如，有两个县同属于容易发生洪水地段，其中一个县的领导防洪防涝意识强，大兴水利工程、城市基础建设，所有跟防洪防涝有关的工程，都要求达到最高标准。而另一个县呢，根本不把防洪防涝当回事，天天去搞面子工程。当洪水讯期来了，大兴水利的县有惊无险，避免了洪水灾害的发生，没有人员伤亡，没有财物损失，自然也就没有新闻热点，没有上级视察，该县领导也就默默无闻，得不到奖励重用。而搞面子工程的县，修的水利工程根本经不起考验，洪水一来，堤坝决口、城市内涝，于是抗洪抢险，洪涝灾害中死了很多人，自然也涌现出很多抗洪英雄，成就了无数可歌可泣的英雄人物报道，这些英雄人物获得了上级的表彰嘉奖。当地出了那么多英雄，县里的领导自然也沾光不少，有的还因此得到上级的表彰奖励、提拔重用。可防洪失利，老百姓的死伤、国家和人民财产遭受的损失，这些账又该怎样算呢？更可怕的是，这种靠灾害起家的"抗洪干部"，带来的负面影响不可估量，如果每一个干部都这样去学"典型"，不可想象，这将会给国家和人民带来多么巨大的伤害。

看来，大地的愤怒是天灾，但更是人祸，三分在天，七分在人。天灾面前，如果我们的人心不好，制度不好，管理不好，三分天灾加上七分人祸，就会给国家和人民造成巨大的痛苦和损失。

为了减轻天灾、消除人祸，我建议：第一，为了将地震的灾害减到最小，我们要向日本学习，研究出防震的新型建筑，并以行政手段，强制规定地震高发区的学校、医院、公共场所，必须修建防震的新型建筑，减少地震带来的伤害；第二，为了将洪灾减到最小，我们要顺应自然，合理利用自然，大兴水利防涝工程，平时多抓，汛期才能安全；第三，我们一定要制定出科学合理的抗灾奖罚制度，让真正扎扎实实做好里子工程的官员得到表扬重用，让喜欢虚虚乎乎做面子工程的官员得到处罚。这样，才能在制度上、根子上、人心上刹住歪风邪气，让人祸不再助虐天灾。

3. 水源的愤怒：最后一滴水是我们的眼泪

水，是生命之源，有了水，世界才有生机。

人的生命不能离开水，地球也是个水球。然而，与人类生活最密切的江、河、湖泊和浅层地下水，仅占世界淡水储量的 0.34%。

全世界有 1/6 的人无法获得足够的水资源，约 13 亿人喝不上干净的饮用水，每年有 500 万人死于不洁饮水引发的疾病。

中国的水资源更不容乐观，人均淡水只有世界人均水平的 1/4，全国已有 400 多座城市缺水，29% 的人正在饮用不良水，有 7000 万人正在饮用高氟水，每年因缺水而造成的经济损失达 100 多亿元。

更令人担忧的是，本来已经稀缺的水资源，还遭遇了"人祸"。

对于空气的污染，只要治理方法得当，十余年就能见到成效，因为空气是流动的，大气污染会逐渐被稀释。但与大气比，江河湖泊是相对稳定的，所以水污染对人类的影响也更为长远，治理的难度也更大。

据科学家统计，全世界每年向江、河、湖、海中排放的污水有 4200 多亿立方米，至少污染了 5.5 万亿立方米的淡水，这个数字相当于全球径流总量的 14% 以上。而在中国，水安全问题正在成为整个国家的"心头大患"：全国十大水系水质有一半被污染；国控重点湖泊有四成不合格；31 个大型淡水湖泊水质中有 17 个水质不达标；9 个重要海湾中，辽东湾、渤海湾和胶州湾水质较差，长江口、杭州湾、闽江口和珠江口水质极差；另外，全国六成的地下水水质为较差，或极差……

水资源短缺、水环境污染、水生态受损的现象让人触目惊心，水安全正在成为未来中国基础性、全局性和战略性的问题。

这是一个真实的案例，发生在中国西部一个极度缺水的沙漠地区。

在那里，每人每天的用水量严格限定为三斤。日常的饮用、洗漱、洗菜、洗衣，包括喂牲口，全都依赖这三斤珍贵的水，而这些水还得靠驻军从很远的地方运来。

人缺水不行，牲畜也一样。终于有一天，一头憨厚的老牛挣脱了缰绳，冲上公路拦在运水车的前面。任凭司机怎样呵斥驱赶，老牛就是不肯挪动半步。后来，牛的主人来了，扬起长鞭，狠狠地抽打在瘦骨嶙峋的牛背上，牛被打得皮开肉绽，鲜血淋漓，哀声叫唤，但还是不肯让开。一旁的运水战士哭了，司机也哭了。最后，战士决定违反规定，从车上取出半盆水放在牛的面前。出人意料的是，老牛没有喝水，而是仰头长哞，不远处跑来一头小牛，老牛慈爱地看着小牛贪婪地喝完水，伸出舌头舔舔小牛的眼睛，小牛也舔舔老牛的眼睛。静默中，人们看到了牛母子眼中的泪水。没等主人吆喝，在一片寂静中，它们就掉转头，慢慢往回走去。

如何科学用水、合理用水、节约用水，如何保护水资源，是每一个人、每一个家庭的责任和义务。水安全的严峻性已经摆在我们面前，呼吁国家早日为保护水资源立法，把科学用水、合理用水、节约用水的制度渗透和规范到每一个人的日常生活中。

如果人不给水活路，水就不会给人活路。治理水污染，珍惜每一滴水，是每一个人义不容辞的责任。别让我们的眼泪，成为地球上的最后一滴水。

4. 山川的愤怒：森林，人类最后的"老家"

中国人讲山，喜欢跟"林"联系在一起，比如说大山密林、深山老林。森林是人类的老家，我们的祖先最初就是生活在森林里的，今天，人类已经从"老家"走向了城市，但森林仍然忠实地守护着人类。

森林是大自然的"调度师"，它调节着自然界中空气和水的循环，影响着气候的变化，保护着土壤不受风雨的侵犯，减轻环境污染给人们带来的危害。而森林被砍伐破坏，更是全球变暖的主要原因之一。

森林是"地球之肺"，每一棵树都是一个氧气发生器和二氧化碳吸收器，让居住在城市里的人类呼出的二氧化碳有了去处，所需要的氧气也有了来源。

森林是天然的储水库。"青山常在，碧水长流"，树总是同水联系在一起，森林能涵养水源，在水的自然循环中发挥重要的作用。

森林为地球 3/4 的物种提供了栖息地，由于森林被砍伐，成千上万的物种永远消失。

森林是治理水土流失的能手，能防风固沙，遏止沙漠化和水土流失。

森林是人类最后的"老家"。如果没有森林，陆地上绝大多数的生物会灭绝，绝大多数的水会流入海洋；大气中氧气会减少，二氧化碳会增加，气温会显著升高，洪涝灾害会经常发生，山洪泥石流会频发……

一句话，没有森林就没有生命。

可是，很多人却似乎不懂得这一点，他们不仅不爱惜森林，相反还无情地摧毁它们。

在人类历史发展的初期，地球上 1/2 以上的陆地披着绿装，森林总面积达 76 亿公顷。1 万年前，森林面积减少到 62 亿公顷，还占陆地面积的 42%。19 世纪减少到 55 亿公顷，无论在欧洲、美洲、亚洲，还是非洲，依然能到处都见到森林。可是进入 20 世纪以后，毁林的情况日趋严重，至今全球只存在 40 多亿公顷森林，而且正以每分钟 38 公顷的速度消失！

我国的森林在历史上也不少，不仅南方森林茂密，就是在北方，都曾有莽莽林海。但是，现在我国的森林已经不多了，尤其是新中国成立以来的几次伐林运动后。第一次是"大跃进"，伐木砍林"大炼钢铁"；第二次是"农业学大寨"，毁林造田，连灌木林都不放过；第三次是改革开放初期，伐林卖钱，连大小兴安岭都几乎不复存在；第四次是前些年大兴土木的房地产经济，使大量地下水、良田和森林遭到毁灭。

森林被破坏，给我们带来了严重的恶果。近些年，频发的山洪、泥石流、水土流失、风沙肆虐、气候失调、旱涝成灾，都同大规模的森林破坏有关。很多人还记得 2010 年甘肃舟曲爆发的泥石流，瞬间吞噬数千条人命，就是周边的山岭水土流失引发的恶果。近几年，南方地区经常出现旱灾，也与过度砍伐有关。

人不给森林活路，就断了水的活路；人不给水留活路，水就不给人活路。

还好，亡羊补牢，为时未晚。我们已经认识到了问题的严重性，开始重视植树造林。

这些年，在国家政府的倡导支持下，我国的森林面积已经从 20 世纪 80 年代末的 1.2 亿公顷，增加到了 2.4 亿公顷，人工林面积居世界首位。但是，森林覆盖率仍仅为 21.63%，远低于国际标准，世界排名在 100 名之外，和邻国比较一下，就有些自惭形秽了。日本的森林覆盖率高达 68.5%，韩国的森林覆盖率达到了 64.3%，甚至连印度也比我们高。

按照国际标准，森林覆盖率在 40% 以上，才是最适合人类居住的。这 40%，不仅是森林覆盖率，也是中国进入小康社会的一个重要指标。

森林养育了人类的祖先，又是人类最后的"老家"。破坏森林就是破坏人类赖以生存的自然环境，破坏全球的生态平衡。

让我们从自己开始，支持种树吧。中国是世界上人口最多的国家，当我们一窝蜂地砍树的时候，我们的森林消失的速度是世界第一的，但当我们都去种树的时候呢？无须多种，我们 13 多亿人，除了没有自主能力的老弱病，只要有 8 亿人每年种一棵树，坚持 10 年、20 年之后，我们中国一定会成为世界上森林覆盖率最高的国家！

此外，对我们官员的考核，除了经济 GDP、文化 GDP 之外，还必须加一个绿色 GDP，为官一方，造福一方，造德一方，还得造林一方。

恢复一片森林，就恢复了一处水源；恢复一处水源，就有了一片绿洲；有了一片绿洲，就绿了一座青山；绿了一座青山，就救活了一座城市；救活一座城市，就造福一方人民；造福一方人民，就复兴了一个国家。

对生态环境的保护，是功在当代，利在千秋。

5. 生命的愤怒：人类会不会被开除"球籍"

下面，我们再来说说"生命的愤怒"。

上文已经说过，地球已有 45.5 亿岁了，若把地球的年龄比作是一天 24 小时，人类其实才刚刚出生 1 秒钟，且恰恰就是在这一天中的最后 1 分钟，最后 1 秒钟，才刚刚出现。

几乎所有物种出现的时间都远比人类要早。38 亿年前就有了细菌，30 亿年前已经有了植物，10 亿年以前已经出现最古老的动物，就连蚂蚁、蝴蝶、蜻蜓这些小昆虫，也有 3.5 亿年的进化历史。而人类，从古猿进化至今，只不过几百万年，人类的文明史才仅仅数千年而已。

但是，出现最晚的人类，却对其他物种的伤害最大。2013 年联合国环境规划署公布了一组调查数据——现在，地球上平均 1 小时就有 1 个物种灭绝，这个速度是自恐龙灭绝时代以来最快的。由于人类活动造成的影响，物种灭绝速度比自然灭绝速度快了 1000 倍。以此发展下去，50 年后，将会有 100 多万种陆地生物从地球上消失，地球有可能爆发第六次物种大灭绝。

地球上曾出现过五次生物灭绝事件，最后一次发生在距今 6500 万年前的白垩纪末期，终结了长达 14000 万年之久的恐龙时代。假如真地爆发了第六次物种灭绝，人类会不会像恐龙一样消失呢？

答案是肯定的。

地球上的动物、植物以及微生物之间存在着因果关系，科学家将这种关系称之为：生物链。

例如：在非洲肯尼亚草原上，许多高大的乔木都靠斑马、长颈鹿、大象等大型食草动物传播种子。大型食草动物靠吃植物为生，同时在迁徙、跑动、排便的过程中，将吃入腹内不易消化的植物种子"播种"至广袤的草原。

然而随着人类的垦荒及猎杀，大型食草动物的数量急剧下降，许多树木也因无法有效播种而数量减少。与此相反的是，低矮的灌木丛却因食草动物的减少而数量不断增多，这就给蚊子、苍蝇等飞虫，以及体型较小的啮齿类动物，如猫鼬、老鼠等提供了天然庇护所及栖息地，促使它们过量繁殖。啮齿类动物与蚊子、苍蝇多是致命病毒的携带者、传播者，它们的数量增多了，就必然会威胁到人类的生命安全。

2006 年，肯尼亚东北部爆发传染性疾病"裂谷热"。疾病爆发 24 小时内就致使 196 人患病，72 人死亡，其主要传染途径就是蚊虫叮咬。所以说，地球的物种变化，与人类的生存息息相关。前不久，美国《科学进展》杂志刊登了 6 位科学家的研究成果，表明地球正在经历着第六次生物大灭绝，而且这一次生物灭绝的速度远超以往的任何一次。第五次生物大灭绝用了 6 万年的时间，但科学家们的研究表明，如果地球上现生物种的灭绝速度继续保持下去，第六次生物大灭绝大约只需要 500—600 年的时间！

只有一个地球，万物都是地球的孩子，人类离了万物，不能独活，只有与万物相融共生，人类才能生存繁衍。

二、家园之问：人心坏了，地球脏了

环境问题，是世界的，是中国的，也是每一个人的。

中国用了 30 年时间，走了西方国家 300 年的发展之路。中国 30 年的环境史，也是人类 300 年环境史的缩影。

这些年来，从国内到国外，总有人对中国的发展说三道四。我们欢迎有人指出问题，但希望对方在态度上能公平、公正。

中国有 960 多万平方公里的国土，看起来不小，自然资源也挺丰富，但中国拥有 13.7 亿人口。

当今世界主要的经济发达地区是北美的美国和加拿大、欧洲、大洋洲，以及亚洲的日本和韩国。这些地区加起来有多大呢？笔者粗略算了一下，约为 3921 万平方公里，比中国的国土面积大了 3 倍之多。

那么，在这么一大片地区里有多少个国家？养活着多少人口呢？一共有 62 个国家，12.95 亿人，比中国人口少了近 8000 万。

也就是说，中国用不足发达国家 1/4 的自然资源，养活了比发达国家多近 1 亿的人口。我们拿什么跟发达国家比，发达国家拿什么来跟我们比？！

中国的环境出了问题，中国人有责任，但不需要指责。中国人需要反思，更需要坚定信念，做绿色产业，建绿色城镇，引领绿色消费，下定决心把环境污染治理好，把生态环境建设好。

1. 先污染后治理代价太大

改革开放三十多年，中国取得了举世瞩目的发展，也得到了很多深入骨髓的教训，其中一个就是急功近利的发展观——用绿水青山，去换金山银山。

今天中国的生态环境，与解放初相比，是极大地恶化了；与大跃进年代相比，是严重地恶化了；与"文革"结束时的状态相比，也是很明显地恶化了。

现今的中国人，吃穿不愁了，出入有车了，生活质量提高了，但却把自己的家园搞脏了，把自己的生活环境搞坏了，把江河搞臭了，把山峦搞秃了，把空气搞污了，把健康搞没了。有了钱，我们的身体素质却与财富成反比，钱赚得越多，患病率越高。2012年，联合国评出的全世界20座不适宜人类居住的城市，中国就占了16座。

中国的天空从来没有像今天这样灰暗，中国的大地从来没有像今天这样憔悴，中国的河水从来没有像今天这样污浊。过去的三十多年，是中国财富积累的三十多年。中国不像西方列强，有新航线的开辟，有奴隶贸易，有鸦片战争，有坚船利炮，中国财富的初始积累，不靠侵略别国，不靠巧取豪夺，只能靠自我伤害，以牺牲自然环境为代价。

过去的三十多年，我们的发展方式是粗暴的，是一种竭泽而渔的发展方式，是一种不可持续的发展方式。

据国土资源部2014年的调查数据显示，由于森林被胡乱砍伐，企业用地没有监控，城市建设缺少规划，虽然目前我国耕地面积有20余万亩，但优质耕地减少了。13年间，城镇用地增加4178万亩，占用的大多是优质耕地。仅东南沿海 5 省就减少了水田 1798 万亩，相当于减掉了福建省全省的水田面积。

据国家水利部 2013 年的统计数据显示，我国水土流失的面积从 20 世纪 50 年代的 116 万平方公里，已增加到了今天的 296 万平方公里，占国土面积的 30.7%。水土流失，流走的不仅是土壤，更是中华民族的血液。在流失的水土中含有大量的矿物质，单以黄土高原为例，每年流失的土壤中就含有氮、磷、钾等成分高达 4000 万吨。于是，黄河、长江、钱塘江、珠江及沿中国海岸地带的大大小小入海河流 1500 多条，几乎每一条都在流血。

据国家林业局 2015 年公布的数据显示，我国荒漠化土地总面积 262.3 万平方公里，分布在 18 个省（区、市）的 500 多个县，受到风沙灾害影响的人口超过 4 亿人。

风沙危害严重，自然灾害频发。流沙埋压农田、牧场、村庄，损毁铁路、公路、水利设施等现象屡见不鲜。

另外，发展方式粗暴，对资源的利用率就很低。中国工信部的统计数据显示，中国目前的总体能源利用率只有 33% 左右，低于世界平均水平，仅达到日本的 1/4，也就是说同样 100 元的产值，中国所耗的能源成本是日本的 4 倍。这既是资源的损失，也是导致环境污染的原因。

讲到能源，我想特别讲一下稀土。中东有石油，中国有稀土。素有"工业维生素"之称的稀土，是 21 世纪极其重要的战略资源，是大自然送给中国人的大礼。可就是这样的稀有资源，却被我们这一代人在十来年的时间就败得差不多了。据《中国科学报》报道，改革开放前，中国稀土储量曾占全世界的 71.1%，到了 2012 年国务院新闻办发布的《中国的稀土状况与政策》白皮书显示，我国稀土储量已经降到了占世界总储量的 23%。

是什么原因导致中国稀土储量急剧下降？我认为，主要有两个原因：一是中国稀土的出口成本过低，把稀土卖成黄土价，外国乘机大量采购中国稀土，国内稀土资源被极速消耗；二是中国稀土走私十分猖獗，高额的利润，诱发狂采、盗采、滥采。《21世纪经济报道》一篇题为《稀土走私企业一天出货10吨》的文章就披露，稀土行业协会会长马荣璋公开表示，2011年，国外的稀土进口统计数量比我国海关的出口统计数量高出1.2倍，即走私量是正常出口量的120%。一种产品的走私出口量竟然超过正常出口量的一倍还多，这也是国际大笑话了，弄得我们的"国门"似乎是虚设的。稀土毕竟是"土"，并非珠宝、玉器、文物、毒品那么好携带，如此整车外运，走私者没有打通各个"关节"是绝无可能的。很明显，疯狂走私的背后，无疑是暴利诱发的"官商勾结"。而有了这个黑色链条，滥采也就没有人真管了。

真是触目惊心啊！占全球总量71.1%的稀土，在十几年间就被这代人败得仅剩下23%。而就只剩下23%稀土的中国，却承担着全球90%以上的稀土供应。而其他稀土资源国，比如美国、俄罗斯等，却因为环境管理、税制较为严密的原因，使得稀土开采成本过高，经营稀土无利可图，稀土资源却可以继续埋于地下，留给后代子孙。我们真是愧对祖先啊！这样的"败家"速度得需要怎样的"努力"才能做到啊？照这样的速度败下去，10年后中国就要向美国、日本或俄罗斯高价进口稀土了，希望有关部门引起重视，给我们的后代儿孙留一些稀土吧！

改革开放三十多年的城镇化建设，为国家带来了繁荣，为人民带来了富裕。但是，国家住建部负责人称，城镇化的过度，却使中国的房屋平均寿命只有三十年。据《人民日报》报道，中国城镇化率已达46.59%，只用30年时间就赶上了西方200年的城市化历程。而城镇户籍人口占总人口的比例只有约33%。这意味着有13.6%即1.28亿生活在城镇里的人没有真正城市化。真正的城市化，应该是人的市民化，而不是土地的城市化。许多进城农民并没有成为真正的市民，还有一些农民土地被城市化，成了"扛锄头的市民"。有学者把这种城市化称作"半城市化"、"浅城市化"。中国一共有200多座地级市，其中184座要建成国际大都市，我们现在有13.7亿人，但是把这些纳入城市规划的人口加起来，已经超过了34亿。假如我们不遵循城市发展的客观规律，不循序渐进，城市化就难以健康发展，这不仅损害农民利益，也会带来严重的"城市病"。

"城市病"的结果会是什么？

国务院发展研究中心做的测算是：15年后，我国的耗煤量会达到60亿吨，我国的用车辆会达到4亿辆，这意味着，中国的雾霾才只是刚刚开始，中国的堵车也才只是刚刚开始，我们将用光所有可用资源。

为了给后代子孙留一点资源，我呼吁：科学开发，先保护后开发，能满足的资源先不开发，能进口的资源先不开发，向美国、日本这些国家学习，先把资源保护起来，以备后患。

发展的目标，不能只是为了GDP，我们还要对自己和他人的健康负责，对国家的将来负责，对子孙后代负责。

2. 心态变化决定生态变化

中国历来是一个灾害频发的国家，但中国人也是个忘性大的民族，当官员的眼睛都盯着GDP，百姓的眼睛都盯着存款的数字时，早就忘记了大自然向我们发出的警告。

早几年，我们关注黄河断流，这条中华民族的母亲河似乎就要弃我们而去了。在密切的关注中，黄河又慢慢恢复了元气，于是我们又忘记了这次警告。然后是滇池的水质恶化，在密集的治理和媒体关注中，我们吓了一跳，不过也仅仅是吓了一跳，之后我们又遗忘了。接下来，是南方地区的旱灾严重，主要就是几十年来无度砍伐森林引发的恶果。

此后，还有雪灾、地震、泥石流、沙尘暴、雾霾……

想一想十多年前的SARS，如果不是我们吃得"千山鸟飞绝，万径兽踪灭"，又怎会为禽兽身上的疾病惊恐不安？这一切都是大自然向我们发出的警告，是在质问我们——是要与她做朋友，还是视她为仇人？

下面，我先来讲一个小故事。有一群牧民同在一块公共草场放牧。有一天，老牧民的妻子生病了，他想多养1只羊，好给妻子换点医药费。可是他也知道，草场上羊的数量已经太多了，再增加将使草场的质量下降。但牧民无法眼睁睁地看着妻子日夜不停地咳嗽。于是他对自己说："只是多养一只羊而已，草场还不至于经受不住。"就这样，老牧民偷偷地多养了1只羊。恰巧，另一个牧民正在为孩子的学费发愁，看到老牧民的做法后，就有样学样，也多养了1只羊。最后，当所有的牧民都这样做的时候，悲剧就上演了——草场持续退化，羊的数目开始减少，直至无法养羊，最终导致所有牧民全部破产。

这就是环境学中著名的"公地悲剧"。之所以叫悲剧，是因为每个人都知道，宝贵的环境资源，将会因为过度使用而枯竭，但每个人对阻止生态恶化都感到无能为力，而且都抱着"及时捞一把"的心态，反而加剧了生态恶化的速度。

心态变化决定生态恶化，这样的情况，我们身边天天都在发生。

北京的雾霾已经上升为世界性的环保话题，每一个北京人都深受其害，也都深恶痛绝。但面对雾霾，多数北京人仍会选择开车出行。

为什么呢？因为在雾霾天里，挤公交、挤地铁，暴露在空气中，会

"吸毒"更多，而坐在私家车内，开启空气内循环，却可以降低车内的PM2.5数值。所以，越是雾霾天，开车的人就越多。反正你不开，人家也要开，你不开车也不会改变自己遭到的空气污染。

同样的道理，当一家污染企业考虑到如果自己减排而其他企业不减排，自己就会增加成本而失去竞争力，因此就会选择不减排；另一家企业也会作出同样的考虑，结果就是大家都不减排。

当一个地方的官员想要治理污染、保护环境、淘汰高污染产能时，他考虑到其他地方的官员不这样做，而是仍然不惜环境代价招商引资，这样自己的政绩就会落后，升迁机会就会减少，于是就会不惜牺牲环境追求经济高增长；另一个地方的官员也会作出同样的考虑和选择，结果，就是地方政府都不惜牺牲环境保持高增长。

一个公民想要减少污染，需要自己多花时间、体力甚至费用，但考虑到其他人都不减少污染行为，自己会吃亏，于是就继续习以为常的污染行为，其他公民也这样选择，结果，就是谁都不采取减少污染的行动。

在破坏环境方面，私人成本都小于社会成本。可以说，每一个人都是加害者，每一个人都是受害者，都陷在"公地悲剧"的陷阱中不能自拔。如此看来，所谓的江河的污染、大地的污染、天空的污染、海洋的污染，其实都是人心的污染。

如何治理生态污染，我认为要从三个方面入手：一是制度上，加强生态立法不动摇。自十八大将生态文明建设纳入五位一体的总体布局以来，生态保护已上升到国家战略的高度。但是，我国现有的环保法，在立法、执法的层面，存在"散"和"软"的问题，建议我们在生态立法的时候，注意生态各项资源之间的相互联系，在完善分类管理的基础上，实现经济价值和生态价值并重，推进综合性的自然资源立法，治"散"。还有，总结提升实践经验，增强法律效力层级和操作性，治"软"。二是干部的政绩考核上，将绿色 GDP 列为重要的指标之一。一个不注重环保的干部不是好干部，为官一方，造福一方，造福不仅是让当地老百姓腰包鼓了，还得让他们的生活环境越来越好。三是教育上，从学校开始生态教育。治理污染，要从人心入手，从现在开始，让每一个孩子从小就学会爱护环境、保护生态、珍惜能源。

三、家园重建：拯救地球，从我做起

人和地球的关系，就像孙悟空和如来佛，孙悟空虽然一个跟斗就能翻十万八千里，但再翻也出不了如来佛的手掌心。中国古代的科学技术发达，这是世界公认的，但中国的古人也很"知趣"，知道"天命不可违"，知道"谋事在人，成事在天"的道理，所以主张"天人和合"。

我认为，要实现天人和合，就要做一个人心和善的人，就要有一个知足常乐的家，就要有一个平衡发展的社会，就要有一个没有战争的世界。这样，就又回到我们原来的话题了。

人心好比是一片处女地。在这块未经开垦的土地上，我们种下了人心和善的五颗"种子"，它们分别是底线、责任、诚信、教养、常识；这五颗种子发芽生长了，经过精心培育，成长为"家庭和睦"的五棵"小苗"，分别是相信、相重、相让、相敬、相爱；"小苗"在和睦家庭中茁壮成长，成长为社会和谐的五棵"大树"，分别是公心、公开、公平、公正和公民；这五棵"大树"开了五朵和平之"花"，则分别是安全、独立、尊重、合作、共赢；最后在"爱"的呵护下，结出了五个天人和合的"果实"，分别是敬畏、因果、顺应、相融共生，这就是全人类追求的终极目标。

1. 敬畏：人的本事大不过天

中国古人说："人法地，地法天，天法道，道法自然。"

道法自然，是中国古人对人与天如何相处的理解，要求人必须敬畏老天，少干涉老天的事。这不仅是让自然喘息的方法，也是学习自然、理解自然、与自然友好相处的方法。

但现如今，自然再也不是我们学习的榜样，而是成为了我们侵略的对象。到底是什么让现在进入了自然灾害的高发期？是我们长久以来向自然搜刮的生活方式。这些"天灾"其实是实实在在、真真切切的"人祸"，是大自然对崇尚自己到了忘乎所以地步的人类的"发威"和惩罚。

将人类抬高到"无需敬畏大自然"的地步，以为只要科学技术足够"发展"，人类没有解决不了的问题，可以"人定胜天"，这其实是西方科学主义文化传统的"思想精髓"。西方人总是企图以高度发展的科学技术征服自然、掠夺自然，在今天，科学愈发达，愈易显出它对人类生存的不良影响。人类"上天入地"似乎无所不能，但为什么人们在大自然面前的"无力感"却越来越明显了？

2011 年，震惊世界的日本福岛核泄漏事故发生后，有 13 万日本老百姓被迫远离故乡，更严重的是大量放射性污水给海洋生态系统造成难以估量的影响。这不仅伤害了日本国民，也让隔海相望的诸多邻国持续紧绷神经。事发一个月后，放射性铯就已经到达 2000 公里外的北太平洋深海；事故发生约一年后，美国西海岸附近捕获到体内放射性铯浓度异常高的金枪鱼，甚至在 7000 多米的深海海底都检测出放射性铯，全世界的发达国家对此都无能为力。

2013 年不是预测出世界是暖冬么？可大自然就偏偏开了个小小玩笑，偏就给你个冷冬，到了春天还下大雪，这不是大自然给聪明的人类一个小小的嘲讽么？你说人类的力量很大，北方缺水、南方涝，要将南方的水调往北方。可是，到时说不定你建好了水渠，铺好了水管，耗了大量的人力、物力、财力，工程结束时，南方已经无水可调了。

曾被誉为中国"绿色长城"的"三北防护林"就是最好的例子。二十余年的时间里，用了上百亿资金来"筑城"，尽管局部收效不小，但北京每年仍要迎接沙尘暴。另外，由于是人工种植，普遍种的是纯林，在发生虫害时，一倒一大片，仅小小的天牛就将宁夏二十年的建设成果——几十亿株杨树毁于一旦。

因此，对于中国人来说，在崇尚和学习西方科学技术知识的同时，也万不可"忘乎所以"，忘了老祖宗"天人合一"的古训，以免在对大自然"大有作为"的过程中干出一些"伤天害理"的蠢事来。我们一定要控制住自己的欲望，在不违背自然的规则的前提下，合理有效地利用自然。

人类或许是很聪明的，是万灵之长，能够上天入地，能够上九天揽月，能够下海底捉鳖。我佩服那些科学家，能制造出那些让人不可思议的航天飞机、卫星、导弹、核武器，而且还能预测大自然的灾难。可是，海啸、地震预知了么？预测了又能防得了么？

人们真的必须冷静下来，思考灾难给予的警示，人类文明显然已经走得很远，但远远还没有强大到把握和征服大自然世界万物的程度，人类真的必须保持对大自然的敬畏，学习如何和大自然和谐相处。

地震、洪水、干旱、泥石流……我无意将这些自然灾害的发生，简单地归结为大自然对人类的报复——这两者之间的因果关系，比我们想象的要复杂得多。但为什么我们每次都只有等到灾难到来、大祸临头之后，才会感叹人类的渺小，感慨生命的无常？这还远远不是问题的关键所在，真正让人痛心的是，每一次灾难过后，都没有引发人类对自然的敬畏之心，没有想到检省一下自己的作为，调整一下自己奋勇前进的步伐，没有在人与自然之间寻找到一个适当的平衡点。

人如果对大自然没有敬畏心，是非常可怕的。人类要不断进步，是一定要探寻天地法则的，但却不能违背自然规律。

中国古人在造字的时候，已经明确地告诉了后代儿孙这个道理。"天"这个字，人在天下，要敬畏天地，要遵循规律，要与天地交朋友。人本事再大也大不过天，天出了个头也只是个"夫"字，一个能量有限的凡夫俗子罢了。

2. 因果：自然万物是一张网

什么是因果？就是种瓜得瓜，种豆得豆。

万法皆空，因果不空。因果关系，是佛教提出的宝贵思想，也是佛教对人类文明的巨大贡献。因果关系，不仅存在于人与人之间，更存在于宇宙自然之间。

就拿气象学界著名的"蝴蝶效应"来说吧。一只南美洲热带雨林中的蝴蝶，偶尔扇动几下翅膀，可以在两周以后在美国引起一场龙卷风。因为蝴蝶扇动翅膀的运动，导致其身边的空气系统发生变化，并产生微弱的气流，而微弱的气流的产生又会引起四周空气或其他系统产生相应的变化，由此引起一个连锁反应，最终导致其他系统的极大变化。

人类不能自以为是，不能认为自己无所不能，人与人，人与万物，都有着微妙的联系。让我来说个例子吧。

印尼的加里曼丹岛，20 世纪 50 年代曾经爆发了疟疾，世界卫生组织在当地喷射杀虫剂，蚊子死了，疟疾得到了控制。可是没过多久，大范围的后遗症出现了。杀虫剂同时还杀死了小黄蜂，它是茅草毛虫的天敌。小黄蜂死了，毛虫大量繁殖，人们的屋顶纷纷倒塌。同时，被杀虫剂毒死的虫子后来成为壁虎的粮食，带毒的壁虎又被猫吃掉，猫吃了大量的有毒壁虎后，繁殖的数量大大减少，老鼠又趁机大量繁殖起来，最终又导致了大量流行性疾病肆虐。世界卫生组织最后只得向加里曼丹空降1.4万只活猫，并由英国皇家空军负责空降，才暂时控制住局势。

我总结了自然界因果关系的五大特征：

一是相互转化，因变成果，果又变成因。比如排放工业污水，会污染江河湖海，被污染的江河湖海，又会使人的饮用水受到污染。

二是前后相续，有因必有果，有果必有因，比如过量排放有毒气体，必然会导致雾霾，雾霾产生的原因，必然与人类排放过量毒气有关。

三是循环不息，因果没有开始，也没有结果，循环延续不间断。如砍伐森林，会导致水土流失，水土流失会引起泥石流灾害，严重的泥石流又会破坏森林。

四是互存因果，错综复杂，这一因会产生这一果，但是从另一个角度来看，这一因会产生另一果。就像上面的例子，为了控制疟疾，消灭蚊子，却害死了猫。人类属于大地，但大地不属于人类。世界万物都是由因果关系联结在一起的，就像血液把我们的身体各部分连接在一起一样。生命的网络不是由人类编织的，人类只不过是这个网络中的一根线、一个结而已。但人类所做的一切，最终会影响到这个网络，也会影响到人类本身。

第五个特征，也是最重要的特征，自然界的因果关系，从来都不是以人为中心。黄鼠狼偷鸡就应该把黄鼠狼消灭干净，狼吃羊就要把狼杀光，一切目的都是维护人类自己的利益，最后，人类会发现，破坏了自然界的因果关系，可能会产生灾难性的连锁反应。

3. 顺应：不要当拔苗助长的农夫

水流为什么能越过山川，终归大海？因为它懂得顺应山川的趋势；阳光为什么能穿过树林，普照大地？因为它懂得顺应树林的缝隙；风儿为什么能吹过高楼，微风缕缕？因为它懂得顺应楼层的空间……

月有阴晴圆缺，人有生老病死，植物有枯荣衰长，一年有春夏秋冬，农历有 24 节气，地球在运转，海水在涌动，自然万物，一切都遵循自然的秩序在运动与变化。

大自然有自己的规律。比如说我们最熟悉的钱塘江大潮，作为世界三大潮涌之一，钱塘江大潮每年农历八月十八前后，都会出现壮观的潮涌，从东汉末年到现在，几千年有多少的朝代在更替，但钱塘江大潮规律依然不变。

人类源于自然，依存于自然，又受制于自然，这是人与自然的基本关系。自然规律客观存在，不以人的意志为转移。人类可以利用自然，改造自然，但不能漠视自然，掠夺自然，破坏自然，与自然规律对着干。如果人类以征服者自居，打破生态平衡，必定自食苦果。

中国古人两千多年前就明白了这个道理，大家熟悉的成语"拔苗助长"，讲的就是一个愚蠢的农夫违背自然规律的寓言。可是，这个"农夫"直到今天还在干着蠢事。

杰出的美国前总统罗斯福，就曾当过这样的"农夫"。当时，美国的凯巴伯森林中生活着约 4000 只美丽的鹿，而与之相伴的却是一群群凶残的狼，威胁着鹿的生存。

为了保护鹿，罗斯福下令屠杀群狼。起初，由于没有了狼的威胁，鹿无忧无虑地生活，无"计划"地生育，一下繁殖到了 10 万只。数量庞大的鹿群，让森林不堪重负，树林退化，面积减少。由于缺少食物，鹿的数量迅速下降，又锐减到老弱病残的 4000 只。人类为了保护鹿而屠杀狼，却破坏了自然界的因果关系。因为有狼，鹿想活命就得努力奔跑，鹿在不停地奔跑中锻炼出强健的体魄；而狼吃掉的鹿，大多是老弱病残，这有效地确保了鹿群的优生优育，并且控制了鹿群的总数，确保了森林能够承受食草动物的消耗，有足够的时间进行自我恢复。

中国 20 世纪 50 年代也犯了同样愚蠢的错误。那是全民"打麻雀"运动，半年时间围剿捕杀麻雀约 19 亿只，被当时的媒体讴歌成"人类征服自然的历史性伟大斗争"。打麻雀是为了防止谷物被吃，增加粮食产量，但结果却恰好相反，麻雀的大量捕杀，致使农田当中的害虫几乎没有天敌，而让次年的粮食严重歉收。

20 世纪末，当疯牛病最终被证实传播到人身上时，人类奋起迎接挑战，不计成本地对患病疯牛斩草除根，坚决阻断病毒传播的路径。同时，人们也认识到，牛原本是食草动物，人却强迫它"食荤"，让牛吃下其他同类的肉（内脏）和咽骨（骨粉），这实在是对大自然规则的粗暴践踏，不遭牛的报应，那才叫怪呢！

人，脚踏大地，仰望天空，是自然之子，在自然的规定范围内，可以施展聪明才智。但是，自然的规定不可违背。人不可背离土地，不可遮蔽天空，不可忤逆自然之道。人法地，地法天，天法道，道法自然。几千年前，中国的先知老子就告诉了我们顺应自然的真理。老子讲的道，就是大自然，它不把万物据为己有，不夸耀自己的功劳，不主宰和支配万物，而是听任万物按自然而然的规律发展。道法自然，这不仅是让自然喘息的方法，也是学习自然，理解自然，与自然友好相处的方法。

4. 相融：生态安全到了危急时刻

我们会沦为难民吗？

战争、饥荒与瘟疫的威胁正在远离，但新的威胁已经越来越强大，并且不分国界、民族与贫富。由于受极端气候、地质灾害的影响，全世界已有大量人口因自然灾害逃离故国，沦为生态难民。据联合国预测，到2030 年，全世界的生态难民将会达到 2 亿。

从世界到中国，从全人类到每一个人，我们都在切身感受着自然生态不断恶化的恶果。如今，生态安全已经与国防安全、经济安全共同成为国家安全的重要基石。生态安全，是继人口问题之后，当代中国面临的最严峻的挑战。

历史总是惊人的相似，部分发达国家早就经历了生态安全的惨痛教训，我们可以从中学习经验。

20 世纪 50 年代初，日本九州岛南部熊本县一个叫水俣镇的地方，出现了一些口齿不清、面部发呆、手脚发抖、精神失常的病人，这些病人久治不愈，全身弯曲，悲惨死去。水俣镇原本有 4 万居民，几年中先后有 1 万人不同程度的患有疾病。日本政府经过数年调查研究证实，水俣镇居民是因当地工厂废水排放而发生了水银中毒症。

水俣病，使日本政府开始反思。水俣病发生之后，日本连续通过了三部非常严格的环境保护法，立法的结果就是使日本成为当今世界最干净的国家之一。

中国的生态安全，已经到了最危急的时刻，中国应该像当年的日本一样，直面生态污染问题，进行全国性的反思。中国不缺少明明白白的生态质量报告，中国人缺少的是放弃眼前的钞票，换一片绿水青山的决心。当代的中国人有文化，有知识，有金钱，却缺少素质，缺少公德意识，缺少良好的文明习惯。我们应把生态问题当成国家安全问题来抓，当成文化大事来抓，让中国人不再浑浑噩噩，盲目乐观，在环保问题上搞欺上瞒下。

另外，中国也有各种关于生态环境的法律法规，但是，对违规违法者来说，中国的《环境保护法》似乎并不十分可怕，中国人通常都有应付的办法，即使舞弊作假被抓，付出的代价也不昂贵。我们必须严肃法纪，严格地按照《环境保护法》去做，一定要让损害环境的违法者付出十分沉重的代价。讲"和"也要讲"法"，法以载道。

还有，就是要注重培养公民良好的生态环境意识。北欧各国山清水秀，这与北欧民众的生态环境素养有密切关系。他们自觉地将垃圾分类，自觉地爱惜环境。而我们呢？吃野生动物之风盛行不衰，乱掷之风四处可见，污染环境不以为耻。我们迫切需要进行一次全民的生态环境教育，特别是要对学生进行教育，使全社会提高生态环境伦理素养，树立和加强生态环境保护意识。

我们已经欠下了大自然的巨额债务，如果有一本大自然的资产负债表的话，人类的财务状况必定是一个大大的负数。当金融体系崩塌的时候，人类还有办法应付，而生态体系一旦崩塌，人类将无处可去。因为，没有人能另外制造一个地球。

5. 共生：不做生态难民，争做生态公民

地球正处于危在旦夕的境地，这已不是个秘密了。据估计，现代环境下的生物灭绝率，是其自然条件下灭绝率的 1000 倍之高，目前已有约

两万种生物濒临灭绝，每一个小时就有一个物种灭亡，第六次生物大灭绝已经离我们不远了。第五次生物大绝灭距今 6500 万年，直接导致了地球霸主恐龙的种族灭绝，而第六次生物大绝灭，可能将意味着人类时代的灭亡。而亲自制造人类灭亡的，正是我们人类自己。

地球已经向人类亮出了黄牌。全世界的科学家、政治家、人类学家都在夜以继日地研究着人类可以做哪些事来补救。半个世纪以来，国际社会和各国政府，为保护生态治理环境作出了很大的努力，但总的说，全球环境"局部好转、总体恶化"的严峻局面仍然没有根本转变。根源何在？出路何在？如何走出危机困局？这是世界各国和专家学者及一切有识之士，一直密切关注并积极寻求答案的人类共同课题。

我个人认为，环境恶化的根源主要有三个方面：

第一，是由于人类的工业化进程带来的恶果。近百年来，人类工业化、城市化、城市化的迅猛发展，在相当长的时间内改善了人类的生活，但是这种海量消耗能源、单纯追求经济增长指标的发展模式，是建立在"生态掠夺"基础上的。从某种意义上讲，是"成就与破坏并存，财富与灾难同在"。随着人类改造自然能力的不断增强，这种模式的危害逐渐显露，地球脆弱的生态链遭到千万年以来的最大程度的破坏。

第二，人类过度追求享受的消费观也在伤害着地球母亲。当今，一次性产品充斥着我们的日常生活，各类电子产品日新月异地更新换代，不可否认，一次性产品对于经济的发展具有重要作用，但是一次性产品也不可避免地大量消耗地球资源，最终把世界变成一个巨大的垃圾场。

第三，导致地球母亲受伤的重要内因，是人类社会内部的不和谐。人类社会还存在着不和谐因素，在国家、种族、文化以及个人之间，甚至在个人的思想内部，这样的因素都可能在一定程度上破坏人与自然的和谐。从个人层面来说，人心的不和谐，私欲的膨胀，人们过度消费，攀比浪费，使得资源造成过度浪费；从国家层面来说，发达国家和发展中国家在资源和财富分配上不平衡，发展中国家往往没有足够的资金和技术，在保证发展的同时进行环保，而发达国家拥有资金却经常不愿意承担相应的责任。面对当今世界现状，要实现对环境的标本兼治，唯一的选择就是倡导"天人和合"的指导思想，重视新的发展和消费理念，走一条可持续发展的新路。

世界各国，要做到"天人和合"，在国家层面必须达成以下共识：

第一个认识：人类是大自然的成员之一，与自然界其他生物是平等、友好、相互依存的伙伴关系，而不是什么至高无上的主宰者、统治者。第二个认识：大自然孕育、抚养了人类，人类应当知恩图报，善待自然，而不可忘恩负义，对自然万物施以暴行。第三个认识：人类开发利用自然资源理所当然，但一定要取之有度，不可超过自然生态和环境的承载力。第四个认识：人类对自然资源的开发利用，必须遵循"人际公平、国际公平、代际公平"的道德准则，不可侵占属于他人、他国和后代的权益；发展成果应由全体社会成员共享，而不可由少数人独占。第五个认识：倡导资源节约、高效、循环利用，力求效益最大化、消耗最低化、对环境影响最小化。

而在个人层面，要做到"天人和合"，我们就必须认识到拯救地球、拯救物种不仅是国家政府的事，也是我们每一个人的责任和义务。

每 1 秒钟，地球上就约有 5 个孩子诞生，天空、大地、海洋、山川，不仅是我们的，更是他们的。我们没有权利只知消费，不知克制，我们没有权利只知抱怨，不知建设。不要以为保护地球只是国家的事，只是政府的事，地球只有一个，离了地球母亲，我们谁也不能活。

不做生态难民，争做生态公民。人类历史上第一个地球日，不是由哪个国家、组织，或者著名人物发起的，而是一个普通的美国大学生1970 年 4 月 22 日在校园里组织发起的。那一天，全美一万所中小学、两千所高等院校和两千个社区及各大团体纷纷响应，人们走上街头，手举着受污染的地球模型、图表，举行盛大游行，呼吁政府采取措施，呵护好地球家园。到 1990 年 4 月 22 日，全世界有一百多个国家参与了各种各样的环保宣传活动。经过全世界生态公民 20 年的努力，地球日终于具有国际性，成为世界地球日。直到今天，每年的这个日子，都会唤起人们对人与自然关系的深刻思考，警示人们更加爱护地球母亲，更加珍惜资源，保护环境。

因此，不要以为拯救地球只是政府国家的事。地球，是我们每一个人的母亲，争做生态公民，拯救地球，您也一样可以。

我们可以先从"五少五多"做起：少开车，少开空调，少用洗衣机，少用纸张，少用一次性制品；多走路，多种树，多带环保袋，多分类垃圾，多用有机产品。

天人和合，不是一句口号，让我们从自己做起吧，从"五少五多"做起吧。最后，我把一首歌谣送给大家：

少用私家车，城市更轻松；

少用空调器，电压更轻松；

少用洗衣机，节能更轻松；

少用一纸张，绿化更轻松；

少用一次性，环保更轻松！

多走一天路，人活过百岁；

多种一棵树，空气变清新；

多带环保袋，不乱丢纸屑；

多用有机品，大地易分解；

多把垃圾分，生活不浪费！

人人都出力，身份无贵贱；

人人都谦卑，天人无恩怨；

人人都行善，世界无动乱；

你善我也和，你和我也善；

都把五和学，天人大和合！

"五和"文化，从心出发

中国古人提出人生有"三不朽"：立德、立功、立言。在"聪明"的当代人看来，立功很难，不仅要有魄力，还得有机缘；立言也不易，不仅要勤奋，还得有天分；立德容易，说好话做好人就行了。事实上，恰恰相反。立言，可能需要三年五载；立功，可能需要十年八载；只有立德，需要一生一世，这才是最难的。一时一事的坚持不难，难的是时时坚持、事事坚持、一辈子坚持。所以，智慧的老祖先早就明白了这个道理，把立德放在了第一位。

"五和"文化也是这样，一时一事说到做到容易，一辈子说到做到不容易。尤其是当问题、矛盾和冲突，严重影响自己、家人和国家合法利益的时候，我们还能一味地"和气"下去吗？

在回答这个问题之前，作为"五和"文化的首倡者，我先向关心"五和"文化的读者朋友们介绍一下 2012 年"五和"文化首倡以来，我和"五和"志愿者们做的一些琐事。

2012 年 7 月，"五和"文化研讨会首次在中国南端的城市三亚举办，其学术成果先后在《人民日报》、《人民论坛》、人民网、求是网等党的主流媒体刊登发表，引起学术界的反响。

2013年5月18日，由人民日报集团《人民论坛》杂志社、《人民政协报》社、三亚市政协联合主办，"五和"文化协办的"和文化与中国梦"高峰论坛在全国政协礼堂举办，我的主题演讲"五和文化与中国梦"获得了与会领导和众多学术名家的肯定，得到了诸多学术大家的指点，上百家新闻媒体进行了深度报道。

论坛结束后，三亚市政协组建了"五和"文化工作小组，主抓"五和"文化在青少年中的推广践行，教育试点定在三亚的一所小学和大学，主要做了三件事：一是开展"五和文化大讲堂"系列讲座，生动不空洞、深刻不深奥，让学生们在快乐中感受正能量，在快乐中提升了正能量，获得了广大师生的赞同；二是"五和"文化志愿者在行动，近百名大学生志愿者走进贫困乡村小学、自闭症儿童培训学校、残障儿童培训中心、敬老院、戒毒所等，开展物质扶贫、心灵慈善，让青少年亲身经历，体悟"五和"文化的爱心和智慧；三是在大学设立了"五和文化奖学金"，将"五和"文化的践行落实、量化、细化，让大学生们不但能听得到、看得到、做得到，还能分享到"五和"文化的优秀成果。

此外，"五和"文化志愿者在三亚进社区、进企业、进基层等活动，以民众喜闻乐见的文化活动、慈善公益扶持弱势群体的行动成为了三亚市政协群众路线教育工作的亮点，众多媒体竞相报道。尤其值得一提的是，由本人作词、著名歌唱家阎维文演唱的MV歌曲《五和中国》，在活动中深受民众喜爱，人们口口传唱，让"五和"文化更接地气。

自2014年以来，在"和合"理论创立人、著名哲学家、国学大家张立文教授的悉心指导下，我将这些年对"五和"文化的研究心得，编写成了这本直白易懂的小书。它既不是学术著作，也不是时政理论，只是一个草根文人，汇集平民的身份、底层的观察、基层的意见，在各界朋友的支持下，谱写的一首来自民间的"五和之歌"。尽管"歌声"并不优美，甚至都不成调，但却真实、真诚，发自肺腑，希望这首"五和之歌"，能为弘扬传统文化、早日实现中国梦，尽微薄之力。

在这里，我要特别感谢张立文教授，张老学养深厚，著作等身，桃李天下，是一位可敬的思想家，也是我的老师和忘年之交的挚友。80岁高龄的他，仔细审读了书稿三遍，提出了宝贵的修改意见，并亲自撰写一万来字的序文。该书的出版，还得到了张老的得意弟子人民出版社编审方国根老师的大力支持，在此一并表示感谢。同时，还要特别感谢海南省政协主席于迅，三亚市政协主席赵普选，《人民日报》社《人民论坛》杂志社总编贾立政，《人民日报》社海南分社社长陈伟光等领导和朋友们的指导、鼓励和支持。此外，还有很多领导和朋友的帮助，无法一一列举，本人由衷地感恩、感谢、感动。可以说，这本书是所有关注、关心、关爱"五和"文化的领导、良师、益友们共同的智慧结晶。

新中国成立六十余年，前三十年我们的政治改革翻天覆地，后三十余年我们的经济发展风生水起，中国的进步举世公认，国家的强盛全球瞩目，人民的生活越过越火红。我们完全有理由相信，第三个全新的三十年，必然会是文化兴盛的三十年、法治民主的三十年、和谐稳定的三十年。

过去几十年的发展教训告诉我们：文化软实力不硬，硬实力硬也是白硬。拿国家来说，打个比方，国家有钱修了一条国际标准的高速路，但是国民素质低，大家都开着拖拉机、牛车、摩托车、自行车在高速路上跑，再好的高速路也是白修了。拿个人来说，打个比方，有个富人买得起奔驰宝马，但素质太低，抢道、乱闯红灯、酒后驾驶，就算开再好的车，也得不到人的尊重。

得人心者得天下，文化建设是一个浩大的人心工程，除了坚持别无他法，不能像过去搞政绩一样急功近利，走过场一阵风。什么建设规划都可以改，只有文化建设的规划不能改，它是一个持久的心灵工程，必须天天、月月、年年抓，光靠一届政府是不行的，要一届一届往下抓，光靠文化行业也不行，要各行各业一起抓，光靠社会精英是不行的，要所有中国人共同努力，才能迎来中国文化的复兴。

"五和"文化，作为势不可当的文化大浪潮中微不足道的一滴水。我深知，"五和"文化来自于草根，也必践行于民间；既需要社会精英的支持，更需要动员普通民众。不能赢得大众的支持，不能获得大众的理解，"五和"文化就是无根之木、无源之水。因此，作为"五和"文化的首倡者、弘扬者和实践者，为了更好地弘扬践行"五和"文化，我大胆抛砖引玉，提出五个观点——

一个故事。不少平民朋友问过我："我只是一个普通老百姓，弘扬'五和'文化跟我有什么关系？"我来讲一个小故事，谈谈两者之间的关系吧。从前，有个农夫，家里养了一头黄牛、一头肥猪、一只母鸡，还有一只不请自来的小老鼠。由于小老鼠从不偷吃牛、猪、鸡的食物，大家相安无事。可是，小老鼠嘴馋，经常偷仓库的粮食，生气的农夫决定安一个鼠夹子来收拾它。小老鼠吓得半死，跑去跟牛、猪、鸡商量，结果，它们都觉得这事跟自己一点关系也没有，懒得搭理小老鼠。当天半夜，院里的鼠夹传来响动，农夫以为老鼠被抓住了，高兴地冲出去，灯都忘了开。结果，鼠夹里是一条毒蛇，农夫被毒蛇狠狠地咬了一口，送到医院抢救，命总算是保住了。但是，为了给他补身子，家人把母鸡杀了给他煲汤，为了支付高昂的医药费，又把黄牛牵去卖了。

出院以后，为了感谢左邻右舍的帮忙，农夫又把肥猪杀了请客。唯一幸存的是那只小老鼠，它又跑到下一个农夫家，继续开始偷粮食了。

社会也是如此，别以为一个鼠夹子跟你八竿子打不着，如果你事不关己，高高挂起，实在遇上，绕道而过。最终，这个看似跟你无关的事，你绕道而过的问题，都会跟你有关，谁也绕不过。所以说，父母好，家庭好，子女才会好；企业好，老板好，员工才会好；国家好，民族好，人民才会好。这是一个千古不变、中外通行的"公理"。

一个强调。一些学者朋友问过我："倡导'五和'，是不是就不讲矛盾、冲突和战争了？"不！我们绝不做掩耳盗铃的蠢事，不会用一团和气来粉饰太平。我们讲的和，是和而不同，是对立和统一。讲和，我们同样会直面"不和"造成的矛盾、冲突，甚至战争。但是，我们希望运用"和"思想，让问题化解在萌芽状态，不让矛盾发展成冲突，不让冲突发展成战争。即使不得已发动了战争，我们一定要记住自己的发心，打完仗了，我们最终还是要心平气和地坐下来，有事好商量，有话好好说。

一个习惯。一些从政的朋友问我，"如何让'五和'文化进入老百姓的生活呢？"一种优秀的文化，不能只停留在书本和课堂，必须要接地气，要扎根在人们的心里，表达在人们的口头，影响着人们的举止，成为人们的习惯，才能真正在人群中"活"下去。反思我们这些年文化的苍白，就是源于文得太多、化得太少，文是背会的知识，化是体会的智慧。这就好比中国人用筷子，在外国人看来，会用筷子很神奇，但是中国人不一样，从小就被灌输必须用筷子吃饭，不然就不算中国人的文化观念。从小父母就天天教，上桌吃饭，也只有筷子可以用，如果一个孩子到了四五岁还不会用筷子，不但自己，连父母都会跟着被嘲笑。这样一来，再笨的中国孩子都会用筷子。

　　"五和"文化可以借鉴"用筷子"的模式，通过灌输观念，然后逐步引导，再规范行为，最后形成习惯，最终影响中国人的生活。

　　一点建议。搞教育的朋友问我："'五和'文化怎么从娃娃抓起?"我拿乘法口诀来举例，孩子们上学的第一天就开始学，而且易记、易理解、易背诵，只要上过学的人，背熟了一辈子都有用，一辈子都不会忘记。仔细想想，这些年我们教育的失败，就是源于教得太多、育得太少，教的是死记硬背的传承，育才是发自内心的理解。小升初、初升高、高升大，我们的孩子背得焦头烂额，到今天，99%的人99%的内容已经记不得了。现在，一些学校教孩子们读《三字经》、《弟子规》，我并不是说这样不好，但这些国学经典，由于年代久远，那些古汉语，孩子听都听不懂，如何谈得上记得住，记不住就根本不可能做得到了。"五和"文化不一样，继承自传统和文化，又进行了与时俱进的创新，五句话朗朗上口，孩子们听得懂、记得住，这样一来，离做得到就不远了。

　　一年之计在于春，一天之计在于晨。在人心上"播种"，自然也是越早越好，最好在一片沃土上耕耘，不要等到杂草丛生时，再来播种就很吃力了。"五和"文化，必须从娃娃抓起。因此，我建议将"五和"文化写进小学生课本，走进课堂，使孩子们从上学的第一天就能看到，使"五和"文化从小就在他们心灵扎根。随着孩子们一天天地长大，"五和"的种子也跟着一天天茁壮成长，最终影响他们的一生，影响我们国家和民族的未来。

　　一点呼吁。所有的朋友们都问过我："'五和'说起来这么宏大，我们该从什么地方入手呢?"大必做于细，难必做于易。践行"五和"，我们可以从"心"做起，从小事做起，从自己能做主的事做起，从"五管好"做起。什么是"五管好"呢？孔子曾经提出做人应做到"四非"：非礼勿视，非礼勿听，非礼勿言，非礼勿动。我进行了继承与创新，再加了一条"非礼勿想"，换成接地气的话来说，就是"五管好"：一是管好自己的眼睛，违背人性道德的现象、场景、视频、图像、文字，一定要不看、少看；二是管好自己的耳朵，谣言、恶言、离间、蛊惑人心、拍马屁的话，一定要不听、少听；三是管好自己的嘴，不骂人、不抱怨、不离间、不吹牛，少喝酒、少抽烟，不随地吐痰、不大声喧哗、围观起哄、造谣滋事；四是管好自己的手和脚，不打人、不偷盗，不破坏公物、不乱扔垃圾、不乱贴乱画、不乱按喇叭；不闯红灯、不横穿马路、不争抢座位、不践踏草坪、不乱停车辆；五是管好自己的心，不计较、不发火、不贪心、不沉迷、不傲慢、不整人、不害人。

我们不能决定太阳几点钟升起，但我们能决定自己几点钟起床。世界的事、国家的事、社会的事，我们无法决定，但我们可以决定自己可以做主的事。如果我们每一个人都能善待自己、善待家人、善待他人，那么，我们的人心一定是和善的，家庭一定是和睦的，社会一定是和谐的。

我知道一个人的力量是有限的，但如果每个人都行动起来，都从自己身上抽血化验、对症下药，经常反问自己：我的心和善吗？我的家庭和睦吗？我对社会和谐、世界和平、天人和合有贡献吗？不断地检讨自己、反思自己、修正自己，从"心"出发，从小事做起，从自己能做主的事情做起，把13亿人民的积极性都调动起来，当13亿人拧成了一股绳，形成一条心，那是一股多么巨大的力量！

人心和则善，家庭和则兴，社会和则谐，国家和则强，世界和则宁，天地和则美。在全球化时代，地球已经变成一个"村"，国与国之间，你中有我，我中有你，经济利益难分彼此，生态环境荣辱与共，而在文化领域，也应该有一个让全世界所有的国家都"和"起来的文化。

纵观人类历史，出现过无数辉煌的文明，但它们终是昙花一现，唯有中华文明五千多年从未中断，为人类的文明作出了不可磨灭的伟大贡献。靠的是什么？和文化。

如今，全世界有两百多个国家和地区，每个国家都有自己的国歌，大国是国，小国也是国，有事好商量，有话好好话，我们都是地球公民，地球只有一个，世界只有一个。因此，我们需要一首"世界之歌"，让地球上所有的国家和人民，摒弃利益之争、意识形态之争、民族宗教之争，携手同心放声齐唱一首"五和世界"之歌。相信，作为一个文化大国、人口大国、经济大国，中国有智慧、有经验、有能力，也有责任谱写这首"五和世界"之歌，并且担任领唱。歌词大意，可以这样写："70 多亿人，200 多个国家，同住一个地球，共生一个世界，和而不同要圆融，和平共赢要真诚；15 亿多家庭，1000 多个民族，同住一个地球，共生一个世界，有话咱好好说，有事咱好商量，世界属于你，地球属于我，你和我善，我善你和，地球万物，天人和合……"因为中国的"五和"文化，超越了种族、国界、宗教甚至人类本身，让人类与地球万物相融共生，是地球上所有人、所有国家都能接受，并衷心拥戴的优秀文化。

作为"五和"文化的首倡者，用一生去高唱"五和"之歌是我的理想；让 13 亿中国人唱响"五和中国"之歌，是我的梦想；让全世界共唱"五和世界"之歌，是我的幻想。无论是理想、梦想，还是幻想，我一直昂首阔步走在"五和"文化的狂想之路上。这个狂想，就是——让人好起来，让家旺起来，让国强起来，让世界爱起来，让地球绿起来！

让我们在以习总书记为核心的党中央领导下，一个人一把号，都吹响"中国梦"的"哆、瑞、咪、发、唆、拉、西、哆"，唱响"人心和善、家庭和睦、社会和谐、世界和平、天人和合"的五和之歌，让"五和"从中国唱响，传唱全世界，影响全世界，感召全世界。

当世界 70 多亿人都人心和善，当全世界 15 亿个家庭都家家和睦，当全世界 240 多个国家都和谐，那么世界一定是和平的，人类和地球也必定是和合的！

附　录

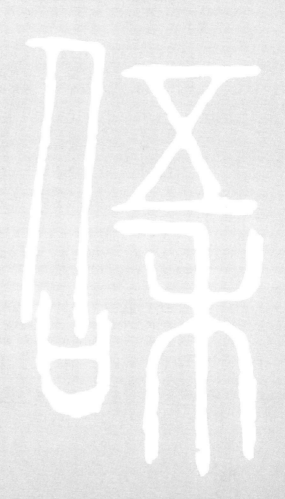

一、《五和中国》歌曲

五和中国

1=F 4/4 ♩=68

马宪泉 词
王艳梅 曲
阎维文 演唱

（童声）人心和善　家庭和睦　社会和谐　世界和平　天人和合　五合中国

（独唱）
人心　善了　家就祥和　百姓富了　国就强盛
爱的　世界　本是和合　美丽中国　厚德中华

大大的　世界　小小的院落　你和我善你和这个　世界多快　乐
大大的　世界　有你也有我　你和我善我善你和这个　世界多快　乐

大家是家　小家也是家　相亲相爱不分　不分你我
大家是家　小家也是家　相亲相爱不分　不分你我

大国是国　小国也是国　平等相待有话　有话好好说
大国是国　小国也是国　平等相待有话　有话好好说

不管是大家　不管是小家　没有地球母亲　谁也不能活
不管是大家　不管是小家　让和善　遍世界让厚德满人间

不管是大国　不管是小国　没有地球母亲　谁也不能活　厚德满人间让
不管是大国　不管是小国　让和善　遍世界让

和善　遍世界　让厚德满人

间

216

二、大家看"五和"

● 全国人大原副委员长许嘉璐：

中国讲五音和合，五味调和，五方和合。我们根本的东西在于中层和表层时时体现。比如，在"和文化与中国梦"高峰论坛上，海南学者马宪泉倡导的"五和"理念，也是中华文化底层"和合"精神的体现。

● 中国社会科学院院长王伟光：

马宪泉的"五和文化"既有新意，也很通俗，让和文化接了地气，体现了中国梦的三个共享精神：让每一个中国人共享人生出彩机会，共享梦想成真的机会，共享与时代进步的精神。

● 海南省政协主席于迅：

中国传统文化中天人合一的宇宙观、万邦协和的国际观、和而不同的社会观、琴瑟相和的家庭观、人心和善的道德观，几千年来深刻地影响着每一个炎黄子孙，是中华传统文化的根和本，是中华历史绵延五千年不断的源泉，是华夏民族生生不息的智慧。马宪泉在此次论坛上的提出的"五和文化"，更是一以贯之——人心和善、家庭和睦、社会和谐、世界和平、天人和合。一个"和"字，贯穿连接从人心到万物的微观和宏观世界，与每一个中国人紧密相连。

● 三亚市政协主席赵普选：

马宪泉作为海南省政协委员、三亚市政协常委，在理论创新、践行"中国梦"方面带了个好头。他在为三亚发展贡献力量的同时，一直致力于弘扬与推广中国传统文化。他潜心研究并提炼倡导的"五和文化"，与党的十八大精神和"中国梦"论述是相符合的，也与海南绿色崛起发展战略和三亚的发展理念相契合。

● 中国人民大学孔子研究院院长、国学研究院院长、一级教授张立文：

马先生的"五和论"具备了时代性、良知性、道德性、创新性、国际性，这就是其理论的价值，也是其"和"人格的体现。"五和"与马先生的人生"五从"相联系，是其生命智慧的卓越洞见，也是其慈悲心灵的圆满展示。

●《人民日报》社《人民论坛》杂志社总编辑贾立政：

习总书记提出的"精准扶贫、精准减贫"是非常重要的思想。"五和"文化的首倡者老马，是一个实业家，又是一个文化学者，"和文化与中国梦"、"和文化与一带一路"两次高峰论坛都是因马宪泉先生而开，他提出开展"文化扶贫，心灵慈善"是非常有高度的理念，他用做实业挣的钱去开展公益文化，实属难能可贵。目前国内大部分的慈善家扶贫，送物送钱的很多，但文化上扶贫的很少，从心灵上抚慰大家，通过"五和"感化人温暖人还是很少的。老马提出了"扶物质的贫，只能扶一时；扶心灵的贫，才能扶一世"的观点，并用毕生去践行，的确非常深刻、非常感人。

● 北京大学马克思主义学院院长、教授郭建宁：

今天开会的两位老师对和文化特别有研究：一是"和合学"创立者张

立文，另一是"五和学"的创立者马先生；张立文老师是学者，马先生来自草根，但两人在和文化中找到了共同点。

● 国资委商业科技质量中心研究员罗天昊：

海南省政协委员马宪泉先生提出并倡导五和文化，顺天应时。欲张扬中国梦，为长久之计，则中国急需抑制权贵，伸张民权，造就普遍之平等，铸就普遍之希望。在政治领域，削弱官权，还权于民；在经济领域，抑制垄断，扶助民营；在社会文化领域，开放管制，成就多元。

● 人民出版社副总编辑于青：

马宪泉先生是一位传统文化的体认者和追随者，他没有身居庙堂的宏伟规划，也没有江湖之远的闲逸品评，而是秉着一颗珍视传统、关怀当下的心，针对社会上存在的各种不和心态、不和现状，认真地体贴人心、体贴社会、体贴世界，用真诚的反思向我们呈现了这样一本书。

● 三亚市政协党组书记容丽萍：

传承是文化的源泉，创新是文化的动力。从中国传统和文化，到张立文教授的"和合哲学论"，再到马宪泉同志的"五和"文化，三亚市政协勇于尝试、大胆探索、凝聚共识，为三亚打造国际精品旅游城市建言献策。"五和"文化首倡于三亚，弘扬于三亚，践行于三亚，我们相信，在诸位专家的倾力支持下，"五和"文化将不断丰富和提升，成为三亚乃至海南走向新海上丝路的世界级文化名片。

● 新华社海南分社社长凌广志：

今天，我们要探讨怎么样讲好中国故事、树立中国形象，为我们更好地推动"一带一路"创造好的舆论环境、社会条件。马宪泉先生就是很好的中国故事，他讲的"五和"，对于外国人来讲，可信性就要好得多。老马是一个经历丰富的、成功的商人，这样的一个鲜活中国人，这样一个光头老头的讲中国故事，对于外国人来说，可信性、感染力应该是会很强的。

● 人民日报社海南分社社长陈伟光：

马宪泉先生生活在天涯海角，想的是怎样挽救世道人心。他是一个商人，想的是怎样弘扬传统文化，这种境界是令人感动的。从他首倡"五和"文化这三年，做了很多的事，办研究院、进校园、出书、出歌曲、编舞台剧，还要出书，还要办论坛。总结他这三年的工作，实际上就是一次升华，是从理念到理论的升华，是从倡导者到实践者的升华，还有就是从江湖到庙堂的升华，这是一个了不起的脱胎换骨的过程，这是一个人格的升华。

策划编辑：方国根

责任编辑：李之美　段海宝

图书在版编目（CIP）数据

老马的五和梦／马宪泉　著．－北京：人民出版社，2015.11（2017.1 重印）

ISBN 978－7－01－015294－3

I. ①老… II. ①马… III. ①中华文化－文集 IV. ① G12-53

中国版本图书馆 CIP 数据核字（2015）第 240990 号

老马的五和梦

LAOMA DE WUHEMENG

马宪泉　著

人民出版社 出版发行

（100706 北京市东城区隆福寺街 99 号）

北京汇林印务有限公司印刷　新华书店经销

2015 年 11 月第 1 版　2017 年 1 月北京第 3 次印刷

开本：710 毫米 × 1000 毫米 1/16　印张：16

字数：190 千字　印数：21,001—42,000 册

ISBN 978－7－01－015294－3　定价：42.00 元

邮购地址 100706　北京市东城区隆福寺街 99 号

人民东方图书销售中心　电话：（010）65250042　65289539